해커스군무원

FINAL
봉투모의고사

약점 보완 해설집

+ 입실 5분 전! 점수 끌어올리는 경영학 핵심문장

📖 해커스군무원

이인호

약력

연세대학교 일반대학원 경영학과 졸업(박사)
연세대학교, 이화여자대학교 등 강의
한국경영학회 평생회원
경영지도사

현 | 해커스군무원 경영학 강의
현 | 해커스JOB 공기업 경영학 강의
현 | 해커스경영아카데미 경영학 강의
현 | 프라임법학원 공인노무사 1차 경영학 강의
현 | 프라임법학원 공인노무사 2차 인사노무관리·경영조직론 강의

저서

해커스군무원 이인호 경영학 FINAL 봉투모의고사
해커스군무원 이인호 경영학 기본서
해커스 매경TEST 2주 완성
해커스공기업 쉽게 끝내는 경영학 기본서
해커스 유통관리사 2급 한권으로 합격
이인호 군무원 객관식 경영학 2500제, 새흐름
이인호 공기업 경영학 실전모의고사, 새흐름
CPA 경영학, 새흐름
핵심정리 경영학, 새흐름
공인노무사 객관식 경영학, 새흐름

해커스군무원
이인호
경영학
FINAL
봉투모의고사

개정 3판 1쇄 발행 2024년 5월 2일

지은이	이인호 편저
펴낸곳	해커스패스
펴낸이	해커스군무원 출판팀

주소	서울특별시 강남구 강남대로 428 해커스군무원
고객센터	1588-4055
교재 관련 문의	gosi@hackerspass.com
	해커스군무원 사이트(army.Hackers.com) 교재 Q&A 게시판
	카카오톡 플러스 친구 [해커스공무원 노량진캠퍼스]
학원 강의 및 동영상강의	army.Hackers.com

ISBN	979-11-7244-054-1 (13320)
Serial Number	03-01-01

**군무원 1위,
해커스군무원(army.Hackers.com)**

해커스군무원

· 해커스군무원 학원 및 인강(교재 내 인강 할인쿠폰 수록)
· 해커스 스타강사의 **군무원 경영학 무료 특강**
· 정확한 성적 분석으로 약점 극복이 가능한 **합격예측 온라인 모의고사**(교재 내 응시권 및 해설강의 수강권 수록)
· **OMR 답안지**(PDF)

**공무원 교육 1위,
해커스공무원(gosi.Hackers.com)**

해커스공무원

· 내 점수와 석차를 확인하는 **모바일 자동 채점 및 성적 분석 서비스**
· 필수어휘와 사자성어를 편리하게 학습할 수 있는 **해커스 매일국어 어플**(교재 내 이용쿠폰 수록)
· '회독'의 방법과 공부 습관을 제시하는 **해커스 회독증강 콘텐츠**(할인쿠폰 수록)

: 목차

실전
모의고사

❯ 셀프 체크

권장 풀이 시간	25분(OMR 표기 시간 포함)
실제 풀이 시간	____시 ____분 ~ 시 ____분
맞힌 답의 개수	____개 / 25개

제1회 실전모의고사
모바일 자동 채점 + 성적 분석 서비스
바로 가기(gosi.Hackers.com)

QR코드를 이용하여 해커스공무원의
'모바일 자동 채점 + 성적 분석 서비스'로 바로 접속하세요!
* 해커스공무원 사이트의 가입자에 한해 이용 가능합니다.

❯ 정답

01	④ PART 1	06	④ PART 2	11	① PART 3	16	② PART 4	21	③ PART 6
02	④ PART 1	07	② PART 2	12	② PART 3	17	② PART 5	22	④ PART 6
03	② PART 1	08	③ PART 2	13	③ PART 4	18	① PART 5	23	② PART 6
04	③ PART 1	09	① PART 3	14	④ PART 4	19	③ PART 5	24	④ PART 6
05	① PART 1	10	① PART 3	15	② PART 4	20	② PART 5	25	④ PART 6

❯ 취약 단원 분석표

단원	PART 1	PART 2	PART 3	PART 4	PART 5	PART 6	TOTAL
맞힌 답의 개수	/ 5	/ 3	/ 4	/ 4	/ 4	/ 5	/ 25

PART 1 경영학 입문 / PART 2 조직행동론 / PART 3 인적자원관리 / PART 4 생산운영관리 / PART 5 마케팅 / PART 6 재무관리 · 회계학 · 경영정보시스템

---

01 경영의 구성요소와 원리 　　　　정답 ④

오답 분석

① 재화는 생산시점과 소비시점이 일치할 필요가 없기 때문에 분리성의 특징을 가지고, 서비스는 생산시점과 소비시점이 일치해야 하기 때문에 비분리성의 특징을 가진다.

② 재화는 재고로 보유할 수 있기 때문에 지속성의 특징을 가지고, 서비스는 재고로 보유할 수 없기 때문에 소멸성의 특징을 가진다.

③ 재화는 자본집약적이고, 서비스는 노동집약적이다.

02 경영학의 발전과정 　　　　정답 ④

정답 설명

④ 호손연구는 테일러(Taylor)의 과학적 관리에 대한 내용을 입증하기 위해 연구가 설계되었지만, 그 결과는 예상과는 다른 방향으로 나타나게 되었다. 이로 인해 인간관계론이 대두되게 되었으며, 인간에 대한 이해가 심화되고 테일러의 경제적 인간관에서 탈피하는 계기가 되었다.

이것도 알면 **합격!**

호손연구

호손연구는 미국 일리노이주(Illinois)의 웨스턴 전기회사라는 전화기 제조회사의 호손공장에서 메이요(E. Mayo)와 뢰슬리버거(F. Roeth-lisberger)를 중심으로 행한 일련의 연구들을 말한다. 당시 호손공장에서는 테일러의 과학적 관리법에 입각한 성과급 제도를 도입하고 있었으나 생산성 측면에서 만족스럽지 못했다. 따라서 호손공장에서는 작업환경의 물리적 변화나 작업시간, 임률의 변화 등이 종업원의 작업능률에 어떠한 변화를 미치는가를 연구하기 위해 1924년부터 1932년까지 4차에 걸쳐 연구가 진행되었다. 호손연구는 '조명실험, 계전기 조립작업장 실험, 면접연구, 배전기 전선작업장 실험'의 순서로 진행되었다.

03 경영혁신 　　　　정답 ②

오답 분석

① SECI모형에서 사회화는 한 사람의 암묵지가 다른 사람의 암묵지로 변환되는 과정이고, 한 사람의 암묵지가 다른 사람의 형식지로 변환되는 과정은 외부화이다.

③ 학습조직은 벤치마킹(benchmarking)이 확대된 개념이다.

④ 다운사이징(downsizing)은 조직의 효율, 생산성, 경쟁력을 높이기 위해서 비용구조나 업무흐름을 개선하는 일련의 조치들로 필요가 없는 인원이나 경비를 줄여 낭비적인 요소를 제거하는 것을 말한다. 이러한 기법은 조직의 체중을 감량하여 홀가분하게 하여 원활한 활동을 할 수 있도록 하는 것으로 감량경영기업이라고 할 수 있지만, 기업이 의도적으로 실시하는 것이기 때문에 조직이 쇠퇴하면서 규모가 작아지는 것과는 다르다.

🖋️ 이것도 알면 **합격!**

레드오션과 블루오션

레드오션 (red ocean)	이미 잘 알려진 시장, 즉 기존의 모든 산업을 의미한다. 산업경계가 이미 정의되어 있고 이를 수용하고 있어서 게임의 경쟁법칙이 잘 알려졌기 때문에 레드오션에 있는 기업들은 기존 시장수요의 점유율을 높이기 위해 경쟁기업보다 우위에 서려고 노력한다.
블루오션 (blue ocean)	잘 알려지지 않은 시장, 즉 현재 존재하지 않아서 경쟁이 무의미한 모든 산업을 말한다. 시장수요는 경쟁에 의해서 얻어지는 것이 아니라 창조에 의해서 얻어지며, 높은 수익과 빠른 성장을 가능하게 하는 엄청난 기회가 존재한다. 또한, 게임의 법칙이 아직 정해지지 않았기 때문에 경쟁은 무의미하다. 이러한 블루오션에 존재하는 소비자를 블루슈머라고 한다. 즉, 블루슈머(bluesumer)는 경쟁자가 없는 시장의 새로운 소비자를 뜻하는 말로 블루오션(blue ocean)과 소비자(consumer)를 합성한 용어이다.

04 전략분석 정답 ③

오답 분석

① 보완재와 산업의 수익률 사이의 관계는 산업구조 분석의 대상이 아니며 대체재가 존재하는 경우에는 산업의 수익률에 부정적인 영향을 미치게 된다.

② 본원적 전략은 사업부수준의 전략에 해당한다.

④ 주활동(primary activities)은 기업이 투입물을 산출물로 변환시키면서 직접 가치를 증가시키는 활동을 의미하고, 부활동(supportive activities)은 주활동을 지원하는 활동으로 가치창출에 간접적으로 기여하는 활동을 의미한다.

🖋️ 이것도 알면 **합격!**

산업구조분석

산업구조분석은 산업을 구성하는 다섯 가지의 힘 중 수평적 힘으로 산업 내 경쟁, 신규진입자(진입장벽), 대체재의 존재를 고려하고, 수직적 힘으로 공급자의 교섭력과 소비자(구매자)의 교섭력을 고려하였다.

05 전략실행 정답 ①

오답 분석

② GE 매트릭스에서 원(circle)의 크기는 해당 사업부가 속한 산업의 크기를 의미한다.

③ BCG 매트릭스에서 자금흐름(cash flow)은 현금젖소(cash cow)에서 가장 긍정적이다.

④ GE 매트릭스는 자금흐름보다는 투자수익률(ROI)을 더 중시한다.

06 학습 / 태도 정답 ④

정답 설명

④ 조직 내 신뢰관계가 구축되어 있을 경우에 조직구성원을 감독하는 데 소요되는 비용은 감소된다.

🖋️ 이것도 알면 **합격!**

신뢰(trust)

신뢰(trust)란 다른 사람들의 태도나 행동을 긍정적으로 생각하고 기꺼이 그들을 믿고자 하는 태도 또는 우리가 의존하고 있는 사람들이 우리에게 바라고 있는 기대를 저버리지 않을 것이라는 믿음을 의미한다. 조직에서의 상사나 동료에 대한 신뢰는 조직분위기와 관리방식이 어떠한지에 따라 다르게 형성될 수 있는데, 업무수행과정에서 발생하는 다양한 교환관계에 의하여 신뢰가 형성되기도 하고 조직의 윤리적인 분위기가 구성원 간의 상호신뢰를 부추기기도 한다. 신뢰는 다음과 같은 속성을 가지고 있다.

- 신뢰는 위험을 수반한다. 상대의 행동과 태도가 좋은 것이라는 생각이나 내게 도움이 될 것이라는 생각은 아직 사실로 드러난 현실이 아니기 때문에 실제로는 기대와 어긋날 수 있다.
- 신뢰는 만들어지기는 어렵지만 깨지기는 쉽다. 따라서 신뢰의 형성보다 신뢰유지에 더 큰 관심을 기울여야 한다.
- 신뢰에는 개인 간 신뢰뿐만 아니라 집단 또는 조직 간 신뢰도 있다. 즉, 조직과 조직 사이에도 신뢰관계가 형성될 수 있다.

07 성격 정답 ②

정답 설명

② 긍정심리자본은 자기효능감, 희망, 낙관주의, 복원력의 4가지 구성요소를 가지고, 조직시민행동은 이타주의, 예의, 성실성, 시민의식, 스포츠맨십의 5가지 구성요소를 가진다.

오답 분석

ㄱ. 매슬로우(Maslow)의 욕구단계이론에서 4번째 단계에 해당하는 욕구는 자존(존경)욕구이다.

ㄹ. 브룸(Vroom)의 기대이론은 과정이론에 해당하고, 동기부여의 강도를 기대, 수단성, 유의성의 곱으로 설명하였다.

정답 설명

① 모두 옳지 않은 설명이다.

ㄱ. 직무명세서(job specification)는 하나의 직무를 수행하기 위하여 필요한 최소한의 인적자원에 대한 설명이다.

ㄴ. 직무기술서(job description)는 직무특성 분석에 의한 과업요건에 중점을 맞추어 기록된다.

ㄷ. 직무특성이론에 의하면 모든 종업원들의 직무를 맹목적으로 확대하거나 충실화해서는 안 된다.

ㄹ. 직무평가는 직무분석의 연장이다.

오답 분석

② 어떤 선발도구로 한 사람을 반복하여 측정하였을 때 결과가 항상 일정하다면 그 선발도구는 신뢰도가 높은 것이다.

③ 동일한 유형의 난이도가 유사한 시험을 재실시하여 신뢰성을 검증하는 방법은 대체형식법이다. 시험-재시험법은 선발도구의 측정결과가 안정적인지를 알아보기 위해서 동일한 집단에게 동일한 시험을 시간적 간격을 두고 재실시하여 두 측정치의 일치정도를 측정하는 방법이다.

④ 내용타당도는 선발도구의 내용이 얼마나 실제업무와 유사한가를 측정하는 타당도이다. 해당 선발도구가 측정도구로서의 적격성을 갖고 있는지를 나타내는 것은 구성타당도이다.

이것도 알면 합격!

선발도구의 평가

- **신뢰도분석(reliability analysis)**
해당 선발도구가 어떠한 상황에서도 동일한 결과를 나타내는 일관성을 가지는지를 측정하는 분석을 의미한다. 장소나 시간에 따라 선발도구의 결과가 영향을 받거나 선발도구의 해석에 따라 결과가 다르다면 선발도구의 안정성이 저해되는 것이고 이로 인해 신뢰도의 손상을 초래하게 된다. 즉, 어떤 선발도구로 한 사람을 반복하여 측정하였을 때 결과가 항상 일정하다면 그 선발도구는 신뢰도가 높은 것이고, 시간과 장소에 따라 또는 평가자에 따라 다르게 나온다면 일관성이 없어 신뢰도가 낮은 것이다.

- **타당도분석(validation)**
측정도구가 측정하고자 하는 대상을 올바르게 측정하고 그 측정결과가 측정하고자 하는 대상이 갖는 사실 상태를 그대로 나타내고 있는가를 분석하는 것을 의미한다.

기준타당도 (criterion validity)	선발도구의 결과와 실제성과와의 상관계수이다. 따라서 기준타당도는 통계적인 방법을 통해 측정된다. 기준타당도는 다시 현직 종업원을 대상으로 측정되는 동시(현재)타당도(concurrent validity)와 지원자를 대상으로 측정되는 예측(미래)타당도(predictive validity)로 구분할 수 있다.
내용타당도 (content validity)	선발도구의 내용이 얼마나 실제업무와 유사한가를 측정하는 타당도이다. 내용타당도는 측정대상의 취지를 얼마나 선발도구에 담고 있는가를 측정하는 것인데, 해당 직무에 대해 풍부한 지식을 가지고 있는 전문가들의 주관적인 판단에 의해 측정된다. 일반적으로 선발도구의 내용이 실제업무에 유사할수록 내용타당도는 커진다.
구성타당도 (construct validity)	선발도구의 측정치가 가지고 있는 이론적 구성과 가정을 측정하는 타당도이다. 즉, 선발도구의 측정항목들이 얼마나 이론적 속성에 부합되고 논리적인지를 표시하는 지표로 해당 선발도구가 측정도구로서의 적격성을 갖고 있는지를 나타낸다. 일반적으로 구성타당도는 요인분석(factor analysis)과 같은 통계적인 방법을 통해 측정된다.

정답 설명

① 인사평가의 구성요건은 타당성, 신뢰성, 수용성, 실용성 등이 있으며, 각 구성요건을 증대시키는 방법은 다음과 같다.

타당성	목적별 평가, 피평가 집단의 세분화 등
신뢰성	평가결과의 공개, 다면평가, 평가자 교육 등
수용성	피평가자의 평가참여, 능력개발형 평가, 평가제도 개발 시 종업원대표 참여 등
실용성	비용과 편익의 정확한 측정

이것도 알면 합격!

인사평가의 구성요건

기업에서 추구하고 있는 인사평가의 목적을 달성하기 위해서는 몇 가지 사항을 갖추고 있어야 한다. 평가를 통해 측정된 결과가 실제 직무성과와 얼마나 관련성이 높은가(평가내용이 평가목적을 얼마나 잘 반영하고 있느냐)를 의미하는 타당성(validity), 평가결과가 나타내는 일관성 또는 안정성을 의미하는 신뢰성(reliability), 인사평가를 피평가자가 정당하다고 느끼는 정도인 수용성(acceptability), 인사평가를 비용-편익(cost-benefit) 측면에서 검토하는 실용성(practicability) 등에 따라 인사평가의 질이 달라진다. 따라서 인사평가는 타당성, 신뢰성, 수용성, 실용성 등을 최대한 갖추고 있는 방향으로 설계되고 운영되어야 한다. 또한, 이러한 구성요건들은 상호 배타적인 것이 아니고 상호 보완적인 측면이 강하기 때문에 복합적인 관점에서 접근하면 할수록 그만큼 평가는 완벽에 가까운 평가가 될 수 있다. 그러나 아무리 완벽한 평가도구라 할지라도 실제로 사용하는 데 있어서 인간적 오류(human error)가 극복되는 것은 아니다.

12 보상관리

정답 설명

② 우리나라의 법정 복리후생에는 국민건강보험, 산업재해보상보험, 고용보험, 국민연금 등이 포함된다.

🖋️ 이것도 알면 **합격!**

복리후생

법정 복리후생	국가가 기업의 인적자원을 보호하는 차원에서 법률을 통해 도입을 강제하고 있는 복리후생이다. 우리나라에서의 법정 복리후생에는 각종 보험료 지원(건강보험·고용보험·연금보험·산업재해보상보험), 퇴직금제도, 유급휴가제도 등이 있다.
비법정 복리후생	국가에서 법률로 정한 복리후생 이외에 기업이 도입하고 있는 복리후생제도이다. 비법정 복리후생은 기업과 노조와의 교섭을 통해 강제성을 띠고 있는 단체협약상 복리후생과 기업이 임의로 도입하고 있는 자발적인 복리후생으로 구분할 수 있다.

13 일정계획
정답 ③

정답 설명

③ 활동시간에 대한 기대치는 '(낙관적 시간+비관적 시간+4×최빈시간)/6'으로 계산한다. 따라서 활동 A의 활동시간에 대한 기대치는 7일이다.

14 경쟁우선순위
정답 ④

정답 설명

④ 리드타임(lead time)은 주문리드타임과 생산(제조)리드타임으로 나누어지는데, 원가를 추구하는 경우에는 생산(제조)리드타임이 더 길고 고객화를 추구하는 경우에는 주문리드타임이 더 길다. 따라서 원가를 추구하는 경우의 총 리드타임은 생산(제조)리드타임과 일치하고, 고객화를 추구하는 경우의 총 리드타임은 주문리드타임과 일치한다.

🖋️ 이것도 알면 **합격!**

경쟁우선순위

상충모형	일반적으로 생산설비는 다양한 경쟁우위요소를 동시에 수행할 수 없으며, 어떤 경쟁우위요소를 달성하기 위해서는 다른 경쟁우위요소를 포기해야 하는 상충적인 관계를 가지고 있다는 것을 의미한다. 원가와 품질의 경우에는 품질을 높이려면 원가가 높아지고 원가를 낮추려면 품질이 떨어지게 되며, 납기와 재고의 경우에는 납기를 줄이려면 재고에 대한 투자를 늘려야 하고 재고에 대한 투자를 줄이면 납기가 길어질 수 있다. 따라서 상충모형에 의하면, 원가, 품질, 신뢰성, 유연성 등과 같은 경쟁우위요소들 중에서 어느 하나의 능력에 초점을 맞추어 기업의 관심과 자원을 집중시켜야 한다.
누적모형	어떤 기업이 경쟁우선순위로 유연성을 원한다면 그 이전에 품질, 신뢰성, 원가효율성에 대한 능력이 선행되어야 한다는 모형을 말하는데, 추후에 모래성 모형(sand-cone model)으로 발전하였다. 누적모형에 따르면 품질 향상이 다른 능력의 기초가 되며, 그 다음에 신뢰성의 능력이 추가될 수 있다. 품질과 신뢰성의 능력이 증가하면 원가효율성이 향상되고, 마지막으로 유연성의 능력이 달성된다.

15 품질경영
정답 ②

정답 설명

② 규격범위는 관리상한선에서 관리하한선을 빼준 값이고, 시그마 수준은 규격중심에서 규격한계까지의 거리가 표준편차의 몇 배인지를 나타낸다. 따라서 규격범위가 48이면 규격중심에서 규격한계까지의 거리가 24가 되기 때문에 시그마 수준은 24를 8로 나눈 3이 된다.

🖋️ 이것도 알면 **합격!**

시그마 수준

식스 시그마의 통계적 의미는 산포를 줄이는 것이다. 산포란 데이터가 흩어진 정도를 의미하는데, 품질특성치들이 서로 비슷한 값들을 가지면 산포가 작은 것이고 들쑥날쑥하면 산포가 큰 것이다. 따라서 시그마는 산포의 크기를 나타내는 수치이며, 시그마 값이 크다는 것은 산포가 크다는 의미이기 때문에 시그마 값은 작을수록 좋다. 식스 시그마에서는 품질수준을 '시그마'가 아니라 '시그마 수준'으로 나타낸다. 시그마 수준(sigma level)은 규격중심(명목값 또는 목표치)에서 규격한계까지의 거리가 표준편차(시그마 값)의 몇 배인지를 나타낸다. 결국 시그마 값이 작아지면 시그마 수준은 높아지고 규격한계를 벗어난 불량품이 나올 확률은 줄어든다.

16 재고관리
정답 ②

정답 설명

② 기업의 입장에서 재고를 감축하고자 하는 요인과 재고를 비축하고자 하는 요인 모두 존재한다. 그리고 재고를 감축하고자 하는 요인에는 이자 또는 기회비용, 보관비용, 처리비용, 세금, 보험료, 훼손비용 등이 있고, 재고를 비축하고자 하는 요인에는 고객의 주문에 신속한 대응가능, 주문비용, 작업준비비용, 수송비용, 구입비용 등이 있다.

17 마케팅의 기초개념
정답 ②

정답 설명

② 산업재 시장에서의 수요는 소비재 시장보다 더 비탄력적이다. 즉, 수요가 단기적 가격변화에 덜 영향을 받는다.

해커스군무원 이인호 경영학 FINAL 봉투모의고사

18 제품 정답 ①

② 신제품 수용과정은 '인지, 관심, 평가, 시용구매, 수용'의 순서를 따른다.

③ 로저스(Rogers)에 따르면 제품의 수용속도가 가장 빠른 소비자층은 혁신수용층이고, 혁신수용층은 전체 소비자 중에 2.5%의 비중을 차지한다.

④ 제품범주 내에서 새로운 형태, 색상, 크기, 원료, 향 등의 신제품에 기존상표를 함께 사용하는 상표개발전략은 라인(계열)확장이다.

 이것도 알면 **합격!**

상표확장

상표확장(brand extension) 또는 카테고리확장(category extension)이란 현재의 상표를 새로운 제품범주의 신제품으로 확장하는 것을 말한다. 상표확장은 신제품이 출시되자마자 바로 소비자가 인지하고 빠르게 수용할 수 있으며 새로운 상표를 도입 및 구축하는 데 드는 광고비용을 절약하게 해주는 장점이 있다. 그러나 기존 제품과 일관성이 없는 지나친 상표확장은 핵심상표 이미지를 희석시킬 수 있으며, 확장제품이 시장에서 실패할 경우에는 같은 상표를 사용하는 다른 제품에도 부정적 영향을 줄 수 있다.

19 기타 마케팅전략 정답 ③

정답 설명

③ 수요상황별 마케팅전략은 수요확대, 수요안정화, 수요축소의 목적을 가지고 있다. 수요확대를 목적으로 하는 전략에는 전환마케팅, 개발마케팅, 자극마케팅, 재마케팅 등이 있고, 수요안정화를 목적으로 하는 전략에는 동시마케팅과 유지마케팅이 있다. 마지막으로, 수요축소를 목적으로 하는 전략에는 역마케팅과 대항마케팅이 있다.

20 유통 정답 ②

오답 분석

① 상인도매상은 제품에 대한 소유권을 가지고, 대리점과 브로커는 제품에 대한 소유권을 가지지 않는다.

③ 집중적 유통경로전략 또는 개방적 유통경로전략은 편의품의 경우에 많이 활용된다.

④ 도매상후원 자발적 연쇄점, 소매상 협동조합 등, 프랜차이즈 조직 등은 계약형 VMS에 해당한다.

이것도 알면 **합격!**

시간효용, 장소효용, 소유효용

시간효용	소비자들이 원하는 시간에 제품을 구매할 수 있게 함으로써 발생된다.
장소효용	소비자들이 원하는 장소에서 손쉽게 제품을 구입할 수 있을 때 창출된다.
소유효용	최종소비자가 제품을 쉽게 소유할 수 있도록 함으로써 창출되며, 이러한 소유효용의 가장 대표적인 예로는 자동차 할부가 있다.

21 재무제표 정답 ③

오답 분석

① 미수금은 상거래 이외의 거래에서 발생한 채권이다. 상거래에서 발생한 채권은 매출채권이다.

② 상품, 원재료 등 재고자산의 구입을 위하여 먼저 지급한 계약금은 선급금이다.

④ 상품 등을 판매하기로 하고 미리 수취한 금액은 선수금이다.

22 회계학의 기초개념 정답 ④

정답 설명

④ 해당 거래는 현금(자산)이 205,000원 증가하고, 대여금(자산)이 200,000원 감소하고 이자수익이 5,000원 발생한 거래에 해당한다. 따라서 총자산이 증가하고 수익이 발생한 거래이다. 그런데, 주어진 선지에 자산의 증가가 없기 때문에 수익의 발생이 정답이 된다.

이것도 알면 **합격!**

자산, 부채, 자본

자산	기업이 현재 보유하고 있는 경제적 자원, 즉 재산을 말한다. 현금, 상품, 비품, 건물, 토지 등의 재화와 매출채권, 대여금 등의 채권으로 구성된다.
부채	기업이 미래에 상대방에게 일정한 금액을 갚아야 할 빚이나 의무를 말한다.
자본	기업이 현재 보유하고 있는 자산 중에서 순수한 기업의 몫을 말한다.

23 자본예산 정답 ②

오답 분석

ㄷ. 독립적인 투자안인 경우에 순현재가치법과 내부수익률법에 의한 투자의사결정은 항상 일치하지만, 상호배타적인 투자안인 경우에는 일치하지 않을 수 있다.

이것도 알면 **합격!**

할인회수기간법과 회수기간법

일반적인 투자안은 초기에 현금유출이 발생하고 이후에 현금유입이 발생한다. 따라서 동일한 금액을 현재가치로 환산(할인)하면 현금유입액이 현금유출액보다 금액이 더 작아지게 된다. 이 때문에 할인회수기간법은 회수기간법에 비해 회수기간이 더 길게 된다.

24 손익분기점 분석과 레버리지 분석
정답 ④

오답 분석

① 영업레버리지는 기업의 영업비 중에서 고정영업비가 부담하는 정도를 말한다.

② 영업레버리지도는 매출액의 변동액에 대한 영업이익의 변동액의 비율로 측정한다.

③ 재무레버리지도가 크다는 것은 그 기업의 주당순이익이 많다거나 경영성과가 좋다는 의미가 아니라 일정한 영업이익의 변화에 대한 주당순이익의 변화율이 크다는 의미이다.

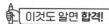 이것도 알면 **합격!**

레버리지

타인자본 이용에 따른 이자비용 또는 비유동자산에 대한 투자 때문에 발생하는 감가상각 등의 비용은 영업활동수준(매출액)과는 관계없이 발생하는 비용인데, 이러한 고정비의 부담을 레버리지라고 한다. 즉, 레버리지(leverage)는 고정재무비용(이자비용)과 고정영업비용(감가상각비)의 부담 정도를 의미한다. 따라서 재무레버리지도는 고정재무비용(이자비용)과 관련이 있기 때문에 부채의 사용정도에 따라 변할 수 있다.

25 재무비율분석
정답 ④

정답 설명

④ 주가수익비율(PER)은 주가를 주당(순)이익으로 나누어 계산한다. 따라서 주가는 주당(순)이익과 PER의 곱으로 계산할 수 있기 때문에 ㈜경영 주식의 적정주가는 8,000원이 된다.

▶ 셀프 체크

권장 풀이 시간	25분(OMR 표기 시간 포함)
실제 풀이 시간	___시 ___분~시 ___분
맞힌 답의 개수	___개 / 25개

제2회 실전모의고사
모바일 자동 채점 + 성적 분석 서비스
바로 가기(gosi.Hackers.com)

QR코드를 이용하여 해커스공무원의
'모바일 자동 채점 + 성적 분석 서비스'로 바로 접속하세요!
* 해커스공무원 사이트의 가입자에 한해 이용 가능합니다.

▶ 정답

01	② PART 1	06	① PART 2	11	② PART 3	16	④ PART 4	21	② PART 6
02	② PART 1	07	④ PART 2	12	① PART 3	17	② PART 5	22	② PART 6
03	② PART 1	08	④ PART 2	13	③ PART 4	18	④ PART 5	23	③ PART 6
04	③ PART 1	09	② PART 3	14	③ PART 4	19	④ PART 5	24	③ PART 6
05	② PART 1	10	④ PART 3	15	④ PART 4	20	④ PART 5	25	① PART 6

▶ 취약 단원 분석표

단원	PART 1	PART 2	PART 3	PART 4	PART 5	PART 6	TOTAL
맞힌 답의 개수	/ 5	/ 3	/ 4	/ 4	/ 4	/ 5	/ 25

PART 1 경영학 입문 / PART 2 조직행동론 / PART 3 인적자원관리 / PART 4 생산운영관리 / PART 5 마케팅 / PART 6 재무관리 · 회계학 · 경영정보시스템

---

01 경영학의 발전과정

정답 ②

오답 분석

ㄴ. 테일러(Taylor)는 노동의 과학화를 목적으로 하고, 페이욜(Fayol)은 경영의 과학화를 목적으로 한다.

ㄹ. 호손연구는 '조명실험 → 계전기 조립작업장 실험 → 면접연구 → 배전기 전선작업장 실험'의 순으로 진행되었다.

🖊 이것도 알면 합격!

경영학의 발전과정

테일러(Taylor)의 과학적 관리법	• 각 과업을 수행하는 최선의 방법을 찾아 작업자의 생산성을 향상시키기 위한 과학적 관리법은 동작연구와 시간연구, 차별적 성과급제, 기획부제도, 직능별 직장제도, 작업지도표제도 등을 그 주요내용으로 한다. • 노동생산성 향상에 따라 작업자는 고임금을 받게 되는 동시에 경영자는 일정 금액에 대한 생산량 증가에 따른 저노무비의 혜택을 받게 된다는 고임금 저노무비(high wage, low labor cost)의 원칙에 근거하고 있으며, 테일러는 이를 통해 노사 간 공존공영이 실현될 수 있다고 생각하였다.
	• 단점: 인간적 측면을 경시하고 인간노동을 기계시하고 있으며, 공장생산 노무관리에 지나지 않는 한계점을 보이고 있다. 또한, 과업의 설정과정이 시간연구자의 주관에 의하여 설정될 수 있으며, 금전적인 유인에 의한 능률의 논리만을 강조하였다.
베버(Weber)의 관료제	• 명령, 복종, 합법적 권위(규범), 문서에 기반을 둔 이상적인 조직의 형태를 말한다. • 규범의 명확화, 노동의 분화, 역량 및 전문성에 근거한 인사, 공과 사의 구분(소유권의 분리), 계층의 원칙, 문서화 등의 특성을 가진다. • 장점: 전문화를 통해 효율을 올릴 수 있으며, 직위에 대한 책임과 권한이 명시되어 있기 때문에 명령계통이 체계적으로 이루어져 있고, 예측가능성과 안정성을 제공해 준다. • 단점: 개인적인 성장을 막고 계층구조로 이루어져 있기 때문에 쌍방향의 의사소통을 어렵게 만든다.

02　기업　　　　　　　정답 ②

정답 설명

② ESG 경영은 지속가능한 발전을 위한 기업과 투자자의 사회적 책임이 중요해지면서 등장한 개념으로 환경(environment), 사회(social), 지배구조(governance)와 관련되어 있다. 또한, 단순히 재무적 성과만 가지고 판단하는 것이 아니라 비재무적인 가치들도 중요하고, 투자자들의 장기적 수익을 추구한다.

03　조직화　　　　　　　정답 ②

정답 설명

② 행렬조직의 구성원은 적어도 두 개 이상의 공식적인 집단에 동시에 속하기 때문에 보고해야 하는 상급자도 둘 이상이 된다. 따라서 명령일원화의 원칙을 적용하는 것이 쉽지 않다.

✏️ 이것도 알면 **합격!**

행렬조직

행렬조직은 기능에 의하여 편성된 조직과, 목표에 의하여 편성된 조직을 결합하여 두 조직형태의 장점을 살리려는 조직구조의 형태를 말하는데, 일반적으로 기능별 조직 또는 부문별 조직형태에 프로젝트팀 조직을 결합시킨 형태로 많이 운영된다. 또한, 행렬조직은 복잡하고 급변하는 환경상황에서도 성장을 추구하려는 조직에서 주로 응용되는 조직유형이다. 따라서 행렬조직은 효율성과 유연성을 동시에 추구할 수 있는 장점을 가진다. 그러나 조직구성원은 적어도 두 개 이상의 공식적인 집단에 동시에 속하기 때문에 보고해야 하는 상급자도 둘 이상이 되며, 이러한 이유에서 역할갈등(다각적 역할기대)이 발생할 수 있다.

04　경영혁신　　　　　　　정답 ③

정답 설명

③ 일반적으로 지식의 창출과 공유는 동시에 발생한다.

✏️ 이것도 알면 **합격!**

지식경영

- 지식경영은 지식의 창출 및 공유활동을 통해 조직 내의 개인과 조직이 지니고 있는 지식을 효율적으로 관리하여 부가가치를 창출하는 경영기법이다.
- 통합적인 지식경영 프레임워크를 성공적으로 수행하기 위해서는 조직문화, 조직전략, 프로세스, 정보기술과 같은 네 가지의 구성요소가 필요하다.
- 지식경영은 지식생산, 지식저장, 지식공유, 지식활용의 프로세스를 가지는데, 지식경영의 핵심은 지식의 창출과 공유라고 할 수 있다.
- 노나카 이쿠지로(Nonaka Ikuziro)는 SECI 모형을 통해 지식을 암묵지(tacit knowledge)와 형식지(explicit knowledge)로 분류하고, 지식은 '사회화 → 표출화 → 연결화 → 내면화 → 사회화 → …'의 활동들이 순차적이고 지속적으로 순환하는 암묵지와 형식지 간의 상호변환과정을 통해 창출된다고 하였다. 또한, 그 과정에서 창출된 지식은 '개인수준 → 집단수준 → 조직수준 → 개인수준 → …'으로 지식의 공유가 일어나게 된다.

05　전략통제　　　　　　　정답 ②

정답 설명

② 고객 관점의 성과측정지표에는 고객만족도, 시장점유율, 고객수익성 등이 있고, 학습과 성장 관점의 성과측정지표에는 직원숙련도, 직원만족, 자발적 이직률, 정보획득 가능성, 연구개발 등이 있다.

✏️ 이것도 알면 **합격!**

균형성과표의 구성요소

재무적 관점	• 주주에게 어떻게 보일 것인가를 중요시하는 관점으로써 전략을 실행하여 영업이익이나 순이익 등과 같은 재무성과가 얼마나 개선되었는지를 측정하는 것이다. • 성과측정지표로 영업이익, 투자수익률, 잔여이익, 경제적 부가가치, 판매성장, 현금흐름 등을 사용한다.
고객 관점	• 고객에게 어떻게 보일 것인가를 중요시하는 관점으로써 전략을 실행하여 고객과 관련된 성과가 얼마나 개선되었는지를 측정하는 것이다. • 성과측정지표로 고객만족도, 시장점유율, 고객수익성 등을 사용한다.
내부프로세스 관점	• 주주나 고객을 만족시키기 위해 어떤 내부프로세스가 탁월해야 하는지를 중요시하는 관점으로서 전략을 실행하여 기업내부에 가치를 창출할 수 있는 프로세스가 얼마나 개선되었는지를 측정하는 것이다. • 성과측정지표로 경영시스템(관리비, 제안건수), 제품개발, 생산, 품질, 적송, 사후 서비스, 정보기술 등을 사용한다.
학습과 성장 관점	• 비전을 달성하기 위해 변화하고 개선하는 능력을 어떤 방법으로 길러야 하는지를 중요시하는 관점으로써 전략을 실행하여 장기적인 성장과 발전을 위해 인적자원과 정보시스템 및 조직의 절차 등이 얼마나 개선되었는지를 측정하는 것이다. • 성과측정지표로 직원숙련도, 직원만족, 자발적 이직률, 정보획득 가능성, 연구개발(R&D) 등을 사용한다.

06　태도 / 동기부여　　　　　　　정답 ①

정답 설명

① 조직시민행동의 구성요소 중 이타주의와 예의는 조직 내 다른 구성원을 지향하는 구성요소에 해당하고, 성실성(양심), 시민의식, 스포츠맨십은 행동의 대상이 조직을 지향하는 구성요소에 해당한다.

✏️ 이것도 알면 **합격!**

조직시민행동

조직시민행동이란 조직구성원들이 조직 내에서 급여나 상여금 등의 공식적 보상을 받지 않더라도 조직의 발전을 위해서 희생하고 자발적으로 일을 하거나 다른 구성원들을 돕는 행동 및 조직 내의 갈등을 줄이려는 자발적 행동들을 의미한다. 즉, 조직구성원 스스로가 조직을 위해 행하는 자발적인 행동으로, 직무기술서에 열거된 핵심적인 과업 이상으로 조직의 효율성 증진에 기여하는 행동을 말한다.

이러한 조직시민행동은 크게 이타주의(altruism), 성실성 또는 양심(conscientiousness), 시민의식(civil virtue), 예의(courtesy), 스포츠맨십(sportsmanship)의 구성요소를 가진다. 이들 다섯 가지 구성요소 중 이타주의와 예의는 조직 내 다른 구성원을 지향하므로 '조직시민행동-개인(OCB-I)'이라고 부르고, 성실성(양심), 시민의식, 스포츠맨십은 행동의 대상이 조직을 지향하기 때문에 '조직시민행동-조직(OCB-O)'이라고 부른다.

이타주의	직무상 필수적이지는 않지만, 한 구성원이 조직 내 업무나 문제에 대하여 다른 구성원들을 도와주려는 직접적이고 자발적인 조직 내 행동을 의미한다.
예의	직무수행과 관련하여 타인들과의 사이에서 발생하는 문제나 갈등을 미리 막으려고 노력하는 행동을 의미한다.
성실성 (양심)	조직에서 요구하는 최저수준 이상의 역할을 수행하는 것을 의미한다. 성실성은 조직구성원들이 갈등상황에 처했을 때 더욱 나타나기 쉬운 것으로 알려져 있다.
시민의식	조직에서 불의를 참지 못하고 조직을 긍정적으로 변화시키는 적극적 행동을 하는 것을 의미한다.
스포츠맨십	조직 내에서 어떠한 갈등이나 문제가 발생하더라도 그에 대하여 불평이나 비난을 하는 대신에 가능하면 조직생활의 고충이나 불편함을 스스로 해결하려는 행동을 의미한다.

07 집단행동
정답 ④

오답 분석
① 집단은 각 개인의 기여를 중시하지만, 팀은 구성원의 기여와 공동의 노력을 동시에 중시한다.
② 툭크만(Tuckman)은 집단발달단계가 '형성기 → 격동기 → 규범기 → 성과수행기 → 해체기'의 순으로 이루어진다고 하였다.
③ 다른 집단과의 경쟁이 존재하면 사회적 태만은 감소한다.

08 조직설계 / 조직문화
정답 ④

정답 설명
④ 해리슨(Harrison)은 공식화와 집권화의 2가지 차원에서 조직문화를 관료조직문화, 행렬조직문화, 권력조직문화, 핵화조직문화의 4가지 유형으로 구분하였다.

오답 분석
① 공식화는 조직 내의 직무가 표준화되어 있는 정도를 의미하고, 과업의 분화정도에 관한 것으로 과업을 분할하고 통합시키는 정도는 복잡성이다.
② 집권화는 의사결정권이 조직 내의 한 지점에 집중되어 있는 정도를 나타내는 것을 의미하고, 분권화는 권한위양이 이루어진 상태를 의미한다. 조직의 규모가 확대되면 조직의 업무는 복잡하게 되고 이러한 복잡성은 전문화를 필요로 하면서 점차 분권화가 촉진되게 된다. 따라서 집권화와 복잡성 사이에는 역의 관계가 존재한다.

③ 민쯔버그(H. Minzberg)는 조직구조를 조직의 어느 부분이 강조되느냐에 따라 기술지원부문(기계적 관료제), 일반지원부문(애드호크라시), 전략경영부문(단순구조), 중간관리부문(사업부제), 생산핵심부문(전문적 관료제)으로 구분하였다. 따라서 민쯔버그에 의하면 일반지원부문이 강조되면 애드호크라시(adhocracy)의 조직형태를 보인다. 그리고 기술지원부문이 강조되면 기계적 관료제의 조직형태를 보인다.

09 확보관리
정답 ②

정답 설명
② 인력과잉에 대한 대응전략에 해당한다.

 이것도 알면 **합격!**

인적자원계획	
인력부족에 대한 대응전략	초과근무확대, 훈련을 통한 능력개발, 신규채용, 임시직 및 계약직원 고용, 퇴직자 재고용, 외국인 근로자 채용, 휴일근무, 적은 인원이 필요한 직무재설계 등
인력과잉에 대한 대응전략	다른 직무의 수행이 가능하도록 교육훈련 제공, 자연감소 및 신규채용 동결, 조기퇴직 또는 명예퇴직 유도, 임시직 및 계약직 축소, 전출, 근로시간 단축, 초과근무단축, 정리해고 또는 일시해고, 직무공유제 등

10 인사평가
정답 ④

정답 설명
④ 행위기준평가법은 직무를 수행하는데 나타나는 수많은 중요사실을 추출해서 몇 개의 범주로 나눈 후 각 범주의 중요사건을 척도에 따라 평가하는 방법이다. 즉, 평정척도법과 중요사건기록법을 혼용하여 보다 정교하게 계량적으로 수정한 방법이다. 행위기준평가법은 평가요소가 피평가자의 행동을 '우수', '평균', '평균이하'와 같이 규정하도록 하는 설명이 있는 행동기대평가법과 서술되어 있는 행동기준을 피평가자가 얼마나 자주 보여 주는지 그 빈도를 측정하는 행동관찰평가법으로 나누어진다. 이 방법은 다양하고 구체적인 직무에 적용이 가능하고, 이해가 쉽기 때문에 인사평가에 대한 적극적인 관심과 참여를 유도 할 수 있다. 그러나 많은 시간과 비용이 소요되고 평가자의 편견이 개입될 수 있다. 일반적으로 행동기준평가법은 'BARS 개발 위원회 구성 → 중요사건의 열거 → 중요사건의 범주화 → 중요사건의 재분류 → 중요사건의 등급화(점수화) → 확정 및 시행'의 절차에 의해 개발된다.

11 보상관리
정답 ②

오답 분석
① 스캔론 플랜의 배부기준은 부가가치 기준이 아닌 판매가치(매출가치) 기준이고, 럭커 플랜은 임금분배율을 정해두고 이를 부가가치에 곱하여 임금총액을 계산하는 방식이다.

③ 근속년수에 따라 숙련도가 향상되는 경우에는 연공급이 적합하다. 연공급은 인적자원이 기업 또는 해당 직무에 종사한 기간인 연공을 기준으로 임금을 차별화하는 제도를 의미한다. 연공에 따라 임금이 차별화될 수 있는 이유는 근속연수가 많아짐에 따라 학습에 의해 숙련수준이 높아진다고 가정하기 때문이다.

④ 성과급은 작업자의 노력과 생산량과의 관계가 명확할 경우에 적합하다.

📌 이것도 알면 **합격!**

임금수준

임금수준은 일정기간 동안 기업 내의 모든 종업원에게 지급되는 평균임금의 크기를 의미한다. 임금수준은 임금관리에 중요한 지표이기 때문에 임금수준의 조정을 통해 기업이 필요로 하는 인적자원을 외부조달하는 것이 가능하고 반대로 인적자원의 유출을 방지하는 효과를 기대할 수도 있다. 대표적인 임금수준의 결정요인은 기업의 지불능력, 종업원의 생계비, 최저임금제, 사회적 균형요인 등이 있다.

기업의 지불능력	임금수준 결정에 있어서 상한선이 되는데, 기업이 임금으로 지불할 수 있는 최대한의 재정적인 능력이 아니라 기업의 안정적인 성장을 유지할 수 있는 조건하에서 지불할 수 있는 능력을 말한다. 기업의 지불능력을 판단할 수 있는 지표로는 생산성과 수익성이 있으며, 기업이 성장을 추구하는 경우에는 생산성을 기준으로 하고 안정을 추구하는 경우에는 수익성을 기준으로 한다.
종업원의 생계비	임금수준 결정에 있어서 하한선이 되는데, 종업원 개인뿐만 아니라 그 가족의 생계비수준까지도 포함한다. 종업원의 생계비는 내용과 산정방식에 따라 실태생계비와 이론생계비로 구분할 수 있는데, 일반적으로 실태생계비는 이론생계비보다 낮게 나타난다. 따라서 기업 입장에서는 실태생계비를 기준으로 노동조합과 임금교섭을 하려는 경향이 강하고, 이론생계비는 노동조합이 근로자의 절대적인 생계비 보장과 생활개선을 위하여 사용자와 임금교섭을 할 때 많이 활용한다.
최저임금제	국가가 노사 간의 임금결정과정에 개입하여 임금의 최저수준을 정하고 사용자에게 이 수준 이상의 임금을 지급하도록 법으로 강제함으로써 저임금 근로자를 보호하는 제도이다. 따라서 최저임금을 일명 법정임금이라고도 한다. 이러한 최저임금제의 도입목적 및 필요성은 계약자유의 한계, 저임금노동자의 보호, 임금인하 경쟁의 방지, 유효수요의 창출 등이 있다.
사회적 균형요인	임금수준 결정에 있어서 상·하한선 간의 조정역할을 하는데, 대표적인 요인에는 경쟁동종기업의 임금수준, 노동조합의 단체교섭력, 노동력의 수급상황 등이 있다.

📌 이것도 알면 **합격!**

경력경로

경력경로는 인적자원이 조직에서 여러 종류의 직무를 수행함으로써 경력을 쌓게 될 때 수행할 직무들의 배열이다. 이러한 경력경로는 네트워크 경력경로와 이중 경력경로 외에 전통적 경력경로, 프로티안 경력경로 등의 형태가 있다.

전통적 경력경로	개인이 경험하는 조직 내 직무들이 수직적으로 배열되어 있는 경우이다. 즉, 개인이 특정 직무를 몇 년간 수행한 후에 유사한 수준의 다른 직무를 수행하는 것이 아니라 상위 수준의 직무를 수행하는 것이다. 해당 직급 내 하나의 직무만 수행한 후 승진하는 경우이다.
프로티안 경력경로	과거의 경력경로는 오직 상위직급으로 가기 위한 수직선 모양이었지만, 오늘날에는 부서 간의 경계도 무너지고 개인의 직무도 경계 없이 다양한 경력을 쌓는 것이 중요하기 때문에 경력경로도 수평선 또는 곡선이 많으며, 수직사다리가 아닌 수평사다리 모양으로 변하고 있다. 이러한 경력경로의 새로운 추세로 등장한 것이 프로티안 경력경로(Protean career path) 또는 무경계 경력경로(boundaryless career path)이다. 이는 자신의 경력을 현재 소속된 한 조직으로 제한하지 않고 여러 조직으로 이동하면서 경력을 쌓는 것을 의미한다. 지속적인 학습이나 구체적인 직무에 대한 수행능력보다 전반적인 적응력을 강조하고 고용안정보다는 고용가능성을 강조한다. 이를 통해 직무에 대한 열린 시각과 함께 기업과 종업원의 관계에 대한 새로운 시각을 제공하며, 경력의 공간을 확대할 수 있다.

---

13 배치설계 정답 ③

정답 설명

③ 공정별 배치(process layout)는 유사한 기능을 수행하는 기계나 장비 또는 부서들을 한 곳에 묶어 배치하는 형태를 말한다. 공정별 배치는 작업기능의 종류에 따라 공정(기계와 인원)들을 분류하고, 같은 종류의 작업기능을 갖는 공정들을 한 곳에 모아 배치하는 형태이기 때문에 기능별 배치(functional layout)라고도 한다. 따라서 제품디자인의 변경이 있는 경우에 그 변경이 쉽지 않아 유연성이 떨어진다는 것은 제품별 배치의 단점에 해당한다.

---

12 교육훈련과 경력개발 정답 ①

정답 설명

① 개인이 조직에서 경험하는 직무들이 수평적 뿐만 아니라 수직적으로도 배열되어 있는 경력경로를 네트워크 경력경로라고 하고, 이중 경력경로는 기술직종 종사자들이 어느 정도 직무경험을 쌓았을 때 관리직종으로 보내지 않고 계속 기술직종에 머물게 함으로써 그들의 기술분야 전문성을 높이게 하는 것이다.

---

14 품질경영 정답 ③

오답 분석

① 성능은 제품의 기본적 운영특성을 말하는 것이고, 특징은 제품이 가지는 기본적인 기능 외에 이를 보완해주기 위한 추가적인 기능을 의미한다.

② 신뢰성은 특정 기간 동안 적정한 보존활동을 통해 제품이 고장 나지 않을 확률을 의미한다. 일반적으로 신뢰성은 제품에 대한 무상보증기간에 영향을 주게 되는데, 신뢰성이 높은 제품일수록 무상보증기간은 길어진다.

④ 일치성은 제품이 명세서의 규격과 일치하는 정확도를 의미하고, 적합 품질이라고도 한다. 설계품질(고성능설계)은 프로세스의 품질과 관련된 측면으로 무결점 제품을 생산하는 것을 말한다. 즉, 우수한 성능, 엄격한 허용오차, 높은 내구성, 영업부문이나 서비스센터 종업원들의 숙련도, 고객에 대한 친절한 지원(판매 후 고객지원이나 고객 금융의 주선) 등을 포함한다.

15　재고관리
정답 ④

정답 설명

④ P 시스템은 재고수준을 연속적으로 조사하는 것이 아니라 주기적으로 조사하는 것을 말하는데, 고정간격 재주문 시스템 또는 주기적 재주문 시스템이라고도 한다. 그리고 Q 시스템은 일정한 재고수준에서 고정량을 주문하는 재고통제시스템이다. 따라서 P 시스템의 주문간격과 Q 시스템의 주문간격을 일률적으로 비교하는 것은 쉽지 않다.

이것도 알면 합격!

P 시스템과 Q 시스템

발주기준은 시간과 수량으로 구분할 수 있는데, 발주기준을 시간으로 사용하는 재고통제시스템을 P 시스템이라고 하고 발주기준을 수량으로 사용하는 재고통제시스템을 Q 시스템이라고 한다.

구분	P 시스템	Q 시스템
주문간격	고정	변동
주문량	변동	고정
재고조사	정기적(주기조사)	계속적(연속조사)
안전재고	큼	작음
구입단가	낮음	높음

16　생산계획 / 적시생산시스템
정답 ④

오답 분석

① 자재소요계획(MRP)은 약간의 불량을 허용하고, 적시생산시스템(JIT)은 완전한 품질을 강조한다.
② 적시생산시스템(JIT)은 가능한 한 작은 로트 크기를 유지하여 재고를 감소시킨다.
③ 자재소요계획(MPR)은 제조자원계획, 전사적 자원관리의 순으로 발전되었다.

이것도 알면 합격!

자재소요계획(MRP)과 적시생산시스템(JIT)

자재소요계획(MRP)은 비반복적 생산에서 효과가 높고, 적시생산시스템(JIT)은 반복적 생산에 효과가 높다. 반복적 생산은 상대적으로 많은 양을 짧은 시간에 불연속적으로 반복하여 생산하는 방식을 의미하는데, 이는 로트의 크기와 관련되어 있다. 동일한 전체 생산량을 가정했을 때 로트의 크기가 작으면 생산횟수가 많아져야 하고 그만큼 반복을 많이 해야한다. 즉, 로트의 크기가 작으면 상대적으로 반복적 생산을 해야 하는 것이다.

17　소비자행동분석
정답 ②

정답 설명

② 저관여에 대한 설명으로 나머지는 고관여에 대한 설명이다.

이것도 알면 합격!

관여도

관여도는 소비자가 특정 제품에 대해 가지는 중요성, 관심도와 자신과 관련되었다고 지각하는 정도를 의미한다. 따라서 관여도는 상대적이고 주관적인 개념이며, 소비자의 구매의사결정과정이나 정보처리과정에 큰 영향을 미친다. 그 강도에 따라 고관여와 저관여로 구분할 수 있다.

고관여	소비자가 특정 제품의 구매를 중요시하여 오랜 시간 동안 생각하고 정보를 수집하여 구매과정에 깊이 관여하는 경우를 의미한다. 일반적으로 제품의 가격이 비싸며, 고관여하에서의 의사결정은 확장된 문제해결과정으로 의사결정의 모든 단계가 포함된다.
저관여	소비자가 특정 제품의 구매에 대한 중요도가 낮은 경우를 의미한다. 일반적으로 값이 싸고, 잘못 구매했을 때 위험이 작은 제품의 구매 시에 나타나는 것으로 구매정보처리과정이 간단하고 신속하다. 저관여하의 의사결정은 축소된 문제해결과정으로 의사결정의 단계가 생략될 수 있다.

18　STP 전략
정답 ④

오답 분석

① 경쟁자의 분석방법 중 표준산업분류, 기술적인 대체가능성 등을 이용하는 방법은 기업중심적인 방법에 해당한다.
② 경쟁의 범위는 제품형태, 제품범주, 본원적 효익, 예산으로 갈수록 넓어진다.
③ 시장세분화기준 중 사회계층, 라이프스타일, 개성 등은 심리특성적 기준에 해당한다. 구매행동적 기준은 구매 또는 사용상황, 소비자가 추구하는 편익(benefit), 제품의 사용경험, 충성도 및 태도 등과 같은 소비자와 상품과의 관계에 초점을 맞춘 시장세분화기준이다.

이것도 알면 합격!

포지셔닝기법

다차원척도법	• 소비자의 인지상태를 기하학적 공간에 표시하는 기법을 말한다. 즉, 다차원의 공간에서 소비자의 특정 욕구를 만족시킬 수 있는 제품들에 대한 소비자의 인지사항을 지도화하여 핵심 속성들의 차원을 규명하기 위한 방법이다.
	• 이러한 다차원척도법의 결과로 포지셔닝맵(positioning map)을 얻을 수 있으며, 포지셔닝맵(또는 지각도)은 시장에 출시된 여러 상표들에 대한 소비자의 생각(경쟁상표들에 대한 지각 및 경쟁관계)을 도표상에 표시한 것을 의미하고, 제품의 주요 속성들이 축이 되며 좌표 공간 내에 소비자의 지각된 특성을 표시한다.

	• 다양한 제품속성과 각 속성의 수준에 대한 상대적 매력도를 평가하여 최적의 속성조합을 도출해 내기 위한 방법을 말한다. • 다차원척도법과 마찬가지로 제품에 대한 선호가 그 제품의 속성에 의해 묘사될 수 있다는 가정을 하고 있지만, 다차원척도법에서는 소비자로 하여금 제품을 총체적으로 비교하게 하는 반면, 컨조인트 분석에서는 마케팅 관리자가 직접 관리할 수 있는 구체적인 속성을 비교하게 된다.
컨조인트 분석	

19 제품
정답 ④

정답 설명
④ 강력한 브랜드는 소비자의 브랜드 충성도를 높이게 되는데, 소비자의 브랜드 충성도가 높아지면 소비자 입장에서 가격이 비싸더라도 해당 브랜드 제품을 구입할 가능성이 높아지게 된다. 따라서 강력한 브랜드는 소비자의 브랜드 충성도를 높이고 그 결과 소비자의 자사 브랜드에 대한 가격민감도를 낮게 한다.

오답 분석
① 편의품, 선매품, 전문품 중 구매빈도가 가장 높은 것은 편의품이다.

② 제품은 구매욕구에 따라 기능적 제품, 감각적 제품, 상징적 제품으로 구분할 수 있다. 그리고 제품은 소비목적에 따라 소비재와 산업재로 구분할 수 있다.

③ 산업재는 자재와 부품, 자본재, 소모품으로 구분할 수 있다. 소비재는 편의품, 선매품, 전문품, 미탐색품으로 구분할 수 있다.

20 유통
정답 ④

정답 설명
④ 특정 상품범주를 깊게 취급하고 그 상품들에 대해 할인점보다 더 낮은 가격으로 판매하는 업태는 카테고리 킬러(category killer)이다. 추가로 회원제 창고점은 회원들에게 거대한 창고형식의 점포에서 30~50% 할인된 가격을 정상적인 제품들을 할인점보다 훨씬 더 저렴하게 판매하는 업태이다.

21 자본의 조달
정답 ②

정답 설명
② 기업이 타인자본을 조달하게 되면 가중평균자본비용을 낮출 수 있으며, 이를 통해 기업의 가치를 증가시킬 수 있다.

22 자본의 조달
정답 ②

정답 설명
② 액면이자율이 시장이자율보다 큰 경우에는 할증발행한다.

이것도 알면 합격!
채권가격과 액면금액 간의 관계

할인채 (할인발행)	액면이자율 < 시장이자율 ⇒ 채권가격 < 액면금액
액면채 (액면발행)	액면이자율 = 시장이자율 ⇒ 채권가격 = 액면금액
할증채 (할증발행)	액면이자율 > 시장이자율 ⇒ 채권가격 > 액면금액

23 자본예산
정답 ③

정답 설명
③
• 1년 후 현금유입액의 현재가치 = 300원 × 1.2 = 360원
• 1년 후 현금유입액 = 360원 × 1.1 = 396원
• 내부수익률 = 96원 ÷ 300원 = 32%

이것도 알면 합격!
수익성 지수와 내부수익률

수익성 지수	투자로부터 발생하는 현금흐름의 현재가치(= 현금유입액의 현재가치)를 투하자본(= 현금유출액의 현재가치)으로 나눈 값을 의미한다.
내부수익률	현금유입액의 현재가치와 현금유출액의 현재가치를 일치하게 해 주는 수익률이다. 즉, 순현재가치가 0이 되게 하는 수익률을 의미한다.

24 회계학의 기초개념
정답 ③

정답 설명
③ 수익은 주주와의 거래(자본거래)로 인한 자본의 증가가 포함되지 않는다.

이것도 알면 합격!
수익과 비용

수익	기업의 경영활동(재화의 판매, 용역의 제공 등)으로 인한 자산의 증가 또는 부채의 감소에 따른 자본의 증가를 말한다. 단, 주주와의 거래(자본거래)로 인한 자본의 증가는 제외한다.
비용	기업의 경영활동으로 인한 자산의 감소 또는 부채의 증가에 따른 자본의 감소를 말한다. 단, 주주와의 거래(자본거래)로 인한 자본의 감소는 제외한다.

정답 설명

① 자산을 취득하여 사용하는 중에도 그 자산과 관련하여 여러 형태의 비용이 발생할 수 있기 때문에 자산의 취득과 지출의 발생이 반드시 일치해야 하는 것은 아니다. 어떤 비용은 그 지출의 효익이 지출한 연도에 끝나는 경우도 있고, 그 지출의 효익이 장래의 일정기간에 걸쳐서 계속되는 지출도 있다. 이러한 지출에 대하여 자본(자산)화할 것인지 또는 비용화할 것인지에 따라 자본적 지출과 수익적 지출로 구분할 수 있다.

이것도 알면 **합격!**

자본적 지출과 수익적 지출

자본적 지출	자산의 용역잠재력을 현저히 증가시키는 지출로서 지출한 연도의 비용을 보고하지 않고 자본화, 즉 자산계정에 기록하여 그 자산의 내용연수 동안 각 회계기간에 걸쳐 원가배분(감가상각)을 하여야 한다.
수익적 지출	용역잠재력을 증가시키지 못한 경우로써 단지 당기의 회계기간에 대하여만 효익을 주는 지출을 말한다. 따라서 수익적 지출은 발생한 시점에 비용으로 처리한다.

제3회 실전모의고사

▶ 셀프 체크

권장 풀이 시간	25분(OMR 표기 시간 포함)
실제 풀이 시간	___시 ___분~시 ___분
맞힌 답의 개수	___개 / 25개

제3회 실전모의고사
모바일 자동 채점 + 성적 분석 서비스
바로 가기(gosi.Hackers.com)

QR코드를 이용하여 해커스공무원의
'모바일 자동 채점 + 성적 분석 서비스'로 바로 접속하세요!
* 해커스공무원 사이트의 가입자에 한해 이용 가능합니다.

▶ 정답

01	② PART 1	06	① PART 2	11	② PART 3	16	④ PART 4	21	② PART 6
02	① PART 1	07	④ PART 2	12	③ PART 3	17	④ PART 5	22	④ PART 6
03	③ PART 1	08	③ PART 2	13	① PART 4	18	① PART 5	23	③ PART 6
04	③ PART 1	09	④ PART 3	14	④ PART 4	19	② PART 5	24	③ PART 6
05	④ PART 2	10	③ PART 3	15	① PART 4	20	③ PART 5	25	② PART 6

▶ 취약 단원 분석표

단원	PART 1	PART 2	PART 3	PART 4	PART 5	PART 6	TOTAL
맞힌 답의 개수	/ 4	/ 4	/ 4	/ 4	/ 4	/ 5	/ 25

PART 1 경영학 입문 / PART 2 조직행동론 / PART 3 인적자원관리 / PART 4 생산운영관리 / PART 5 마케팅 / PART 6 재무관리·회계학·경영정보시스템

---

01 경영의 구성요소와 원리 　정답 ②

오답 분석

① 미시적 환경은 기업이 속한 산업의 주요 구성요소를 말하고, 기업이 속한 산업 밖에서 발생하여 기업활동에 영향을 미치는 요인은 거시적 환경이다.

③ 환경불확실성의 원천 중 환경복잡성은 조직이 관리해야 하는 특수하고 일반적인 영향력의 강도, 수, 상호결합성에 대한 함수이고, 과업환경이나 일반환경이 얼마나 변화하는가에 대한 함수는 환경동태성이다.

④ 외부환경 중 직접적으로 영향을 미치는 환경은 과업환경이고, 간접적으로 영향을 미치는 환경은 일반환경이다.

02 경영학의 발전과정 　정답 ①

정답 설명

① 상황적합이론은 상황변수, 조직특성변수, 조직유효성변수로 구성되어 있다. 조직규모, 환경, 기술, 조직전략은 상황변수에 해당하지만, 조직구조는 조직특성변수에 해당한다.

✏ 이것도 알면 합격!

상황적합이론

모든 환경이나 상황에 적용할 수 있는 유일최선의 관리방식은 존재할 수 없다. 따라서 환경이나 상황이 바뀌게 되면 유효한 관리방식이 달라져야 하며, 환경이나 조건이 다르면 유효한 조직도 달라져야 한다. 이러한 입장을 취하고 있는 이론을 총칭하여 상황적합이론(contingency theory)이라고 한다. 즉, 기업이 처한 상황이 각각 다르기 때문에 그 결과가 다르고, 어떤 상황에서 가장 효과적인 방법이 다른 상황에서는 전혀 다른 결과를 가져올 수 있다는 것이다. 따라서 조직은 상황에 따라 다른 원칙을 적용해야 한다는 것이다. 이러한 상황적합이론은 상황변수, 조직특성변수, 조직유효성변수로 구성되어 있다. 대표적인 상황변수에는 조직규모, 환경, 기술, 조직전략 등이 있고, 조직특성변수에는 조직구조가 대표적이다. 또한, 조직유효성변수에는 직무만족, 직무성과, 조직몰입, 조직시민행동 등이 있다.

03 기업집단화 　정답 ③

오답 분석

① 아웃사이더(outsider)는 협정에 참여하지 않는 기업을 의미하기 때문에 아웃사이더가 많을수록 카르텔은 효과적이지 못하다.

② 콘체른은 수평적 결합과 수직적 결합을 통해 결합이 이루어지고, 카르텔은 수평적 결합을 통해 결합이 이루어진다.

④ 백기사는 방어전략에 해당하고, 흑기사는 공격전략에 해당한다.

독소증권

전환우선주	다른 종류의 주식으로 전환할 수 있는 권리가 부여된 우선주이다. 발행은 우선주의 형태지만 일정 기간이 지난 후 보통주로 전환할 수 있는 주식이다.
상환우선주	특정기간(통상 5년) 동안 우선주의 성격을 가지고 있다가 기간이 만료되면 발행회사에서 이를 되사서 소각을 하도록 한 주식을 말한다.
전환사채	사채로서 발행되었지만 일정기간 경과 뒤 소유자의 청구에 의하여 주식으로 전환할 수 있는 사채이다.
신주인수권부 사채	발행회사의 주식을 매입할 수 있는 권리가 부여된 사채이다.

04 경영전략의 기초개념 / 전략수립
정답 ③

정답 설명

③ 마일즈와 스노우(Miles & Snow)의 전략 유형에서 방어형(defenders)은 창의성과 유연성보다 생산효율성을 강조한다.

마일즈와 스노우의 전략 유형

마일즈와 스노우(Miles & Snow)는 전략 유형을 공격형(개척형), 방어형, 분석형, 반응형(낙오형)으로 구분하였다.

공격형 (prospectors)	• 신제품 및 신시장 기회를 적극적으로 찾아내고 이용하는 기업군으로 기술과 정보의 급속한 발전과 변화를 조기에 포착하고 기술혁신을 통하여 신제품을 개발한다. • 고도의 전문지식을 필요로 하고 분권적 조직과 수평적 의사소통이 필수적이다. • 창의성이 효율성보다 더 중요시되는 동태적이고 급변하는 환경에 적합한 전략이다.
방어형 (defenders)	• 위험을 추구하거나 새로운 기회를 탐색하기보다는 안정성을 중요시하거나 좁은 제품시장을 정해놓고 제품을 경쟁적인 가격으로 공급하는 기업군이다. • 방어전략을 채택하는 기업들은 가장 효율적으로 제품을 생산 및 공급하며 이들에게 있어서는 기술적 효율이 성공의 관건이다. • 환경분석을 소홀히 하고 새로운 사업기회에 소극적이기 때문에 시장환경의 변화에 신속하게 적응하지 못한다는 단점이 있다. • 쇠퇴기에 있는 산업이나 안정적인 환경에 있는 조직에 적합한 전략이다.
분석형 (analyzers)	• 제한된 범위의 방어전략과 공격전략을 혼합하여 사용하는 기업군으로 변화하는 정보기술에 효과적으로 대응하는 동시에 전통적 사업에도 충실하고자 노력한다. • 안정적인 제품시장에서는 합리적인 생산을 추구하며 최소의 비용으로 제품을 생산하거나 최고품질의 제품을 생산함과 동시에 새로운 기회에 부응하여 시장성 있는 신제품의 개발도 추진한다.
반응형 (reactors)	적극적으로 환경을 개척하는 것이 아니라 전략형성에 실패한 기업군을 말한다.

05 지각
정답 ④

정답 설명

④ 어떤 대상(개인)으로부터 얻은 일부 정보가 다른 부분의 여러 정보들을 해석할 때 영향을 미치는 것을 후광효과(halo effect)라고 한다. 상동적 태도는 지각자가 피지각자를 지각함에 있어 피지각자가 속한 집단의 특성이 영향을 미치는 오류이다.

지각정보처리 과정

선택 (selection)	지각자가 관심이 있는 것은 지각을 하고 관심 밖에 있는 것은 지각하지 않는 것을 말한다. 개인은 가만히 있어도 수많은 자극에 노출되지만 모든 사람이 모든 자극을 똑같이 지각하지 않고 관심이 있는 일부의 자극에 주의를 기울이게 되며, 이처럼 개인에게 필요한 자극만을 받아들이는 경향을 선택적 지각(selective perception)이라고 한다. 이러한 선택적 지각은 의사소통의 과정에서 부분적 정보만을 받아들여 오류를 유발시키기도 한다.
조직화 (organization)	지각이 된 대상이 분리된 형태로 존재할 수 없기 때문에 하나의 형태로 만들어 가는 과정으로 이미지를 형성하는 과정이라고 할 수 있다. 조직화의 과정을 게스탈트 과정(Gestalt process)이라고도 하는데, 여기서 게스탈트(Gestalt)는 형태라는 뜻을 가진 독일어이다. 이러한 조직화의 형태에는 집단화(범주화), 폐쇄화, 단순화, 전경-배경의 원리 등이 있다.
해석 (interpretation)	조직화된 지각에 대한 판단의 결과를 말한다. 이러한 해석은 주관적이기 때문에 판단과정이 쉽게 왜곡될 수 있으며, 이로 인해 지각오류가 발생한다.

켈리(Kelly)의 입방체 이론

개인행동의 원인을 동료구성원, 과업, 시간의 세 가지 차원으로 분류하고 각각의 차원에 대한 귀인정도를 합의성(일치성), 특이성, 일관성의 세 가지 판단기준에 의해 결정한다. 일반적으로 개인은 지각과정에서 높은 합의성(일치성), 높은 특이성, 낮은 일관성을 지각할수록 외적 환경요인에 귀인하는 경향을 보이며, 낮은 합의성(일치성), 낮은 특이성, 높은 일관성을 지각할수록 내적 환경요인에 귀인하는 경향을 보인다.

귀인의 판단기준	외적 귀인	내적 귀인
합의성(성과와 동료구성원)	높음	낮음
특이성(성과와 과업)	높음	낮음
일관성(성과와 시간)	낮음	높음

06 동기부여   정답 ①

정답 설명

① 위생요인(hygiene factor)은 개인의 불만족을 방지해 주는 욕구로 불만족요인이라고도 한다. 위생요인은 충족되었다 하더라도 불만족이 생기는 것을 예방하는 역할만 할 뿐, 만족을 증가시키거나 일을 열심히 하고자 하는 동기를 유발시키는 것은 아니다. 위생요인에는 임금, 안정된 직업, 작업조건, 지위, 경영방침, 관리, 대인관계 등이 있는데, 이들은 직무 외적인 요인들이다.

07 경영학과 경영의사결정 / 의사소통과 집단의사결정   정답 ④

정답 설명

④ 모두 옳은 설명이다. 특히, 명목집단법은 구성원들이 대면하기 때문에 델파이법에 비해 의사소통에 소요되는 시간이 상대적으로 짧아 최종의사결정에 도달하는 데 걸리는 시간이 짧다. 그리고 집단양극화가 발생하면 집단응집성이 낮아지기 때문에 집단사고가 발생할 가능성이 감소한다.

08 조직화   정답 ③

오답 분석

① 수평적 분화는 '라인부문의 형성 → 전문스탭부문의 형성 → 관리스탭부문의 형성'의 순서로 진행된다.

② 수직적 분화의 수준이 높을수록 통제의 범위는 감소한다.

④ 위원회 조직은 특정 과업을 수행하는 것을 목적으로 하는 상설조직이고, 프로젝트팀 조직은 특정 과업을 수행하는 것을 목적으로 하는 일시조직이다.

이것도 알면 합격!

계층제의 원칙

명령일원화의 원칙	한 사람의 하급자는 항상 한 사람의 직속상관으로부터 명령과 지시를 받아야 한다는 원칙이다.
감독범위의 원칙	능률적인 감독을 위해서는 한 사람 또는 하나의 상위직위가 통제하는 하급자 또는 하위직위의 수를 적정하게 제한해야 한다는 원칙이다.
계층단축화의 원칙	감독범위의 원칙과 반대되는 것으로 조직의 능률을 높이기 위해서는 조직의 계층을 가능한 한 줄여야 한다는 원칙이다.

09 인적자원관리의 변화와 전략적 인적자원관리   정답 ④

정답 설명

④ 인사부서의 역할은 울리히(Ulrich) 모형에 의하면 행정전문가, 근로자의 대변인, 전략적 파트너, 변화담당자의 순서로 변화되어 왔다. 울리히(Ulrich) 모형은 다음과 같다.

10 교육훈련과 경력개발   정답 ③

정답 설명

③ ㄱ과 ㅁ은 인간적 능력을 배양하기 위한 교육훈련방법이고, ㄴ, ㄷ, ㄹ은 개념적(의사결정) 능력을 배양하기 위한 교육훈련방법이다.

이것도 알면 합격!

교육훈련방법

개념적(의사결정) 능력을 배양하기 위한 교육훈련방법	인 바스켓 교육훈련, 비즈니스 게임, 사례연구 등
인간적 능력을 배양하기 위한 교육훈련방법	역할연기법, 행동모형법, 상호교류분석법 등
기술적(전문적) 능력을 배양하기 위한 교육훈련방법	대역법, 청년중역회의법 등

11 보상관리   정답 ②

오답 분석

① 직무급은 해당기업에 존재하는 직무를 평가해 직무들의 상대적인 가치에 따라 임금을 결정하는 임금제도이다.

③ 임금관리의 외적공정성을 확보하기 위해서는 동일한 직무에 대한 경쟁사의 임금수준을 조사할 필요가 있다.

④ 성과급은 생산성을 제고하지만 근로자의 수입을 불안정하게 할 요소가 있다.

12 인적자원의 유지

정답 ③

정답 설명

③ 산업 내의 다양한 직종들의 특수성에 부합한 임금 및 근로조건의 결정에는 문제가 있어 조직의 응집력이 약해질 가능성이 있는 것은 산업별 노동조합이다.

이것도 알면 합격!

노동조합의 조직형태

직종별 노동조합	• 특정 기업이나 산업에 고용되는 것과 관계없이 직종 또는 직업을 같이하는 노동자들로 조직된 노동조합을 말하며, 가장 먼저 발달한 노동조합의 조직형태이다. • 직업별 또는 직능별 노동조합이라고도 불린다. • 주로 숙련공들의 기술이 필수적으로 요구되던 종래의 생산방식하에서 숙련노동자가 조직을 통해 노동시장을 배타적으로 독점하여 교섭력을 높이는 것을 주목적으로 하였다.
산업별 노동조합	• 직종이나 계층에 관계없이 동일 산업에 종사하는 노동자가 조직하는 노동조합을 말한다. • 하나의 산업 전체 노동자가 일시에 파업을 하여 노동을 중지시키는 것이 교섭상 유리한 방법이 됨에 따라 노동조합도 같은 산업 내의 전체 노동자를 단위로 조직하게 된 것이 산업별 노동조합이다.
기업별 노동조합	• 동일한 기업에 종사하는 노동자들에 의해 조직되는 노동조합을 말한다. • 직종별 노동조합, 산업별 노동조합, 일반 노동조합이 기업을 초월하는 횡단적인 조직이라면 기업별 노동조합은 기업 내 노동자들의 직종 또는 숙련정도와 상관없이 오로지 개별기업을 조직단위로 하는 종단적 조직이다.
일반 노동조합	• 숙련이나 직종 또는 산업에 상관없이 일반 노동자들을 폭넓게 규합하는 노동조합의 형태이다. • 작업의 전문화·단순화·표준화로 인해 등장한 대량의 미숙련노동자들이 노동생활을 영위하기 위한 최저생활의 필요조건을 확보하기 위해서 생성되었다. • 주된 요구조건으로는 고용의 안정과 임금 및 근로조건의 최저한도 설정 등을 들 수 있다. 이러한 요구조건들은 산업이나 직종을 초월하여 균일적인 성질을 가지는 것으로 그것의 실현을 위하여 입법규제를 중시하게 된다.

13 공정설계 / 배치설계

정답 ①

정답 설명

① 제품별 배치는 제품의 유형에 관계없이 제품이 만들어지는 생산순서에 따라서 기계 및 설비를 배열하는 배치형태이기 때문에 종업원의 작업이 전문화되고, 공정별 배치는 유사한 기능을 수행하는 기계나 장비 또는 부서들을 한 곳에 묶어 배치하는 형태이기 때문에 종업원의 감독이 전문화된다. 따라서 해당 설명은 옳은 설명이다.

오답 분석

② 범용설비는 초기투자비용이 저렴하지만, 전용설비는 초기투자비용이 크다.

③ 다수기계보유방식(OWMM)은 제품별 배치의 단점을 보완한 배치설계의 형태이다.

④ 개별작업 공정(job-shop process)과 라인 공정(line process) 중 수직적 통합의 정도는 라인공정이 더 크다.

14 생산계획

정답 ④

오답 분석

① 종속수요 제품의 소요량 산정을 위해 주로 사용된다. 독립수요는 고객들이 직접 요구하는 제품의 수요이고, 종속수요는 독립수요로부터 파생되는 수요이다.

② 계획생산에 입각한 푸시(push)방식을 적용한다. 푸시(push)방식은 고객의 주문 이전에 생산을 개시하는 방식이고, 풀(pull)방식은 고객의 주문에 의해 생산을 개시하는 방식이다.

③ 자재소요계획은 MRP, MRP Ⅱ, ERP의 순으로 발전하였다.

이것도 알면 합격!

자재소요계획(MRP)의 기본요소

기준생산계획 (MPS)	특정 기간 내에 최종품목을 얼마나 생산할 것인가를 자세히 정한 것으로 총괄생산계획을 구체적인 제품별 생산일정으로 풀어낸 것이다. 이러한 기준생산계획은 단기계획을 위한 기초라고 할 수 있다.
자재명세서 (BOM)	해당 품목의 모든 부품, 상위품목과 부품 간의 관계 그리고 엔지니어링과 공정설계를 위한 부품 사용량 등을 기록한 것을 말한다. 부품의 보충일정은 상위품목의 생산일정에 따라 결정되기 때문에 상위품목-부품관계에 관한 정확한 정보가 필요한데, 이러한 문제는 자재명세서를 통해 해결된다.
재고기록 (IR)	어떤 품목의 로트 크기, 리드 타임과 함께 기간별 총소요량, 예정입고, 예상보유재고, 계획입고, 계획발주 등의 자료를 담고 있는 기록을 말한다.

15 품질경영

정답 ①

오답 분석

② 공정이 안정상태를 유지할 때, 공정 내에는 우연변동만이 존재한다. 우연(일반, 공통)변동은 통제가 불가능한 변동이고 이상변동은 통제가 가능한 변동이다.

③ 변량관리도는 정규분포를, 속성관리도는 이항분포 또는 포아송 분포를 가정한다.

④ 관리상한선과 관리하한선의 폭을 규격범위라고 한다.

관리도

관리도(control chart)는 관측값이 정상적인지, 비정상적인지를 결정하기 위해서 표본으로부터 얻어낸 품질측정값을 시간의 순서에 따라 표시하는 도표를 의미한다. 이러한 관리도는 관리상한선(upper control line, UCL), 관리하한선(lower control line, LCL), 명목값(nominal value)/중심선(center line)으로 구성된다. 관리상한선에서 관리하한선을 뺀 값을 규격범위라고 하고, 규격중심에서 규격한계(관리상한선 또는 관리하한선)까지의 거리를 규격한계의 폭이라고 한다.

---

16 적시생산시스템과 공급사슬관리 정답 ④

정답 설명

④ 적시생산시스템(JIT) 또는 린 생산시스템은 필요한 자재를 원하는 수준의 품질로 필요한 수량만큼 원하는 시점에서 조달하는 적시공급에 의한 생산방식을 말한다. 적시생산시스템은 대량생산방식으로 표현되는 포드시스템의 단점을 보완한 방법이라고 할 수 있으며, 도요타 시스템(Toyota system), 무재고 시스템, 풀(pull) 시스템, 간반(kanban) 시스템, 안돈(andon) 시스템의 개념들이 포함되어 있다. 따라서 적시생산시스템의 성공적 도입을 위해서는 제조준비시간의 충분한 감소가 먼저 이루어져야 한다. 즉, 로트 크기를 줄이는 것이 효과가 있기 위해서는 제조준비시간을 줄여야 한다.

---

17 마케팅조사 정답 ④

정답 설명

④ 눈덩이표본추출은 조사자가 적절하다고 판단하는 조사대상자들을 선정한 다음에 그들로 하여금 또 다른 조사대상자들을 추천하도록 하는 방법이다. 이러한 표본추출은 조사자가 모집단 구성원들 중 극소수 이외에는 누가 표본으로 적절한지를 판단할 수 없는 경우에 사용될 수 있다는 장점이 있지만, 연속적 추천에 의해 선정된 조사대상자들 간에는 동질성이 높을 수 있으나 모집단과는 매우 다른 특성을 가질 수 있다는 단점이 있다.

표본추출방법

무작위표본 추출	• 표본목록(난수표) 등을 이용하여 각 표본이 동일 발생 확률로 선택될 수 있도록 표본을 추출하는 방법이다. • 장점: 모집단의 구성요소들이 표본으로 선정될 확률이 동일하기 때문에 표본오차가 작고 신뢰성이 우수하여 통계적 효율성이 높다. • 단점: 모집단이 클 경우 상대적으로 비용이 많이 들어간다.
층화표본 추출	• 표본을 모집단에서 직접 선정하는 것이 아니라 규모, 지역, 성별, 나이 등과 같이 동질성을 갖고 있는 여러 하위집단에서 공평하게 표본을 추출하는 방법이다. • 장점: 무작위표본추출에 비하여 통계적 효율성이 높은 편이다.
	• 단점: 변수선택에 따른 하위집단의 구분(층화)을 잘못할 경우 신뢰도가 낮아질 수 있다.
군집표본 추출	• 모집단을 다수의 소집단으로 구분한 후 그 집단 자체를 모두 표본으로 선정하거나 그중 일부를 표본으로 선정하는 방법이다. • 장점: 표본추출에 소요되는 비용이 저렴하다. • 단점: 통계적 효율성이 상대적으로 떨어진다.
편의표본 추출	• 조사자가 중요하다고 생각되는 표본을 임의대로 추출하는 방법을 말한다. • 장점: 조사비용이 저렴하다. • 단점: 모집단의 대표성이 높지 않다. • 주로 실제 조사연구보다는 설문지를 사전에 검사하거나 탐색적인 예비조사를 위해 사용된다.
판단표본 추출	조사자가 모집단과 그 요소에 대한 자신의 지식, 조사목적의 특성 등에 기초하여 조사에 가장 적합하다고 판단한 특정 집단을 표본으로 선정하는 방법을 말한다.
할당표본 추출	• 일정한 기준을 가지고 사전에 이미 결정되어 있는 백분율 또는 표본수와 일치하도록 표본을 추출하는 방법을 말한다. • 이는 비확률적 표본추출방법 중 가장 정교한 방법이다. 모집단을 일정한 기준에 따라 여러 하위집단으로 구분한다는 점에서는 층화표본추출과 유사하지만 조사자의 주관에 따라 그 기준이 설정된다는 점에서 차이가 있다. • 장점: 자료수집비용이 저렴하고 대표성이 높다. • 단점: 모집단 분류에 있어 조사자의 편견이 개입되기 쉽고 오차의 발생가능성이 높다.

---

18 제품 정답 ①

정답 설명

① 브랜드 재인(recognition)은 한 브랜드에 대한 정보가 기억 속에 있는지의 여부를 의미하는 것으로 브랜드 회상(recall)보다는 상대적으로 인지도의 강도가 약하며 소비자들에게 한 제품범주 내에 있는 여러 브랜드명을 제시해 주고 각 브랜드명을 과거에 보았거나 들어본 적이 있는지를 조사하는 것이다. 브랜드 회상은 소비자들이 자신의 기억 속에 이미 저장되어 있는 특정 브랜드의 정보를 그대로 인출할 수 있는 능력을 말한다.

브랜드 자산

브랜드 자산(brand equity)은 특정 재화나 서비스가 상표를 가짐으로써 발생되는 바람직한 마케팅효과를 의미한다. 즉, 고객이 특정 상표에 대해 갖는 긍정적인 감정으로 인해 형성된 상표가치의 상승분을 말한다. 브랜드 자산을 가지고 있는 기업은 새로운 제품을 출시할 때 소비자나 유통업자에 대해 적은 비용을 투입하고도 유사한 마케팅효과를 얻을 수 있어 매출상승과 비용절감이 가능한 경쟁력을 가지게 된다. 데이비드 아커(David A. Aaker)에 의하면 브랜드 자산은 브랜드 충성도, 브랜드 인지도, 지각된 품질, 브랜드 연상(이미지), 기타 독점적 브랜드 자산으로 구성되어 있다.

19 가격

정답 ②

정답 설명

② 유인가격(loss-leader pricing)이란 잘 알려진 제품의 가격을 대폭 할인함으로써 고객들을 소매점으로 유인하려는 가격전략을 말한다. 즉, 일단 저가품목에 의해 고객들이 유인된 후에는 할인품목의 단점과 고가품목의 장점을 강조함으로써 고가품목의 판매를 증대시키려는 전략이다. 일반적으로 이러한 가격전략은 일반적으로 소비자가 가격에 대한 정확한 지식을 가지고 있는 일상 생활용품에 대해서 유통업체에서 주로 사용한다. 이에 따라 제조업자는 자사제품이 손실유도품(loss leader)으로 전락하는 것을 방지하기 위해 재판매가격유지전략을 사용할 수 있다. 재판매가격유지전략(resale value maintenance pricing)이란 유통업체와의 계약을 통해 일정가격으로 거래되도록 하는 가격전략을 말한다. 즉, 재판매가격유지전략은 자사의 제품이 유인가격결정(loss-leader)에 빠지는 것을 방지하고 브랜드 가치를 유지하기 위해 사용하는 전략으로 희망소비자가격과 같은 것이 여기에 해당한다. 즉, 유인가격전략은 유통업체가 사용하고, 재판매가격유지전략은 제조업체가 사용한다.

20 촉진

정답 ③

오답 분석

① 핵심메시지는 처음에 제시하는 것과 마지막에 제시하는 것이 중간에 위치시키는 것에 비해 효과적이다.

② 이성적 소구에는 비교소구, 증언소구, 입증소구 등이 있다. 공포소구는 감성적 소구에 해당한다.

④ 광고호의(advertising goodwill)는 광고의 누적효과를 나타내기 위한 개념이다. 광고의 이월효과(carryover effect)는 특정시점의 광고투자 효과가 그 이후 시점에서도 발현되는 현상을 의미한다.

21 자본예산

정답 ②

오답 분석

① 회수기간법은 회수기간 이전의 현금흐름만 고려한다.

③ 투자안의 수익성지수가 1보다 큰 경우에 해당 투자안을 채택한다.

④ 순현재가치법은 가치가산의 원칙이 성립하지만, 내부수익률법은 가치가산의 원칙이 성립하지 않는다.

22 포트폴리오 이론과 자본자산가격결정모형

정답 ④

정답 설명

④ 자본자산가격결정모형(CAPM)은 모든 투자자가 투자대상의 미래 수익률의 확률분포에 대하여 동질적으로 예측한다고 가정하고 있기 때문에 이질적인 예측을 하는 경우에 CAPM은 성립하지 않는다.

이것도 알면 합격!

자본자산가격결정모형(CAPM)의 가정

- 투자자들은 모두 위험회피형이며, 기대효용 극대화를 추구한다.
- 기대수익 – 위험, 즉 평균–분산 기준을 고려하여 포트폴리오를 선택한다.
- 모든 투자자는 투자대상의 미래 수익률의 확률분포에 대하여 동질적으로 예측한다.
- 투자기간은 단일기간으로 본다.
- 무위험자산이 존재하고 동일한 무위험이자율이 적용된다. 즉, 무위험이자율로 무제한 차입 또는 대출이 가능하다.
- 자본과 정보의 흐름에 마찰이 없고, 제도적 장애요인도 없다. 즉, 완전자본시장을 가정하기 때문에 세금과 거래비용이 존재하지 않는다.

23 재무제표

정답 ③

정답 설명

③ 기초자본액은 기말자본에서 자본증가액을 차감한 값이다. 여기서 자본증가액은 '총수익 – 총비용 + 추가출자'로 계산할 수 있으며, 그 값은 450,000원이다. 따라서 기초자본액은 750,000원이 된다.

24 손익분기점 분석과 레버리지 분석

정답 ③

오답 분석

① 손익분기점분석에서 원가는 고정요소와 변동요소로 구분하는 것이 가능하다고 가정한다.

② 손익분기점분석은 화폐의 시간적 가치를 고려하지 않는다.

④ 복수의 제품에 대한 손익분기점분석 시 매출배합은 일정하다.

25 재무관리의 기초개념

정답 ②

정답 설명

② 해당 문제에서 배당금은 연금에 해당하고, 이론적 주가는 영구연금의 현재가치를 의미한다고 할 수 있다. 연금이 매년 일정한 비율로 성장하는 경우의 현재가치는 연금액을 (할인율 – 성장률)로 나누어 계산한다. 그런데 여기서 연금액은 미래의 연금액이기 때문에 현재 3,000원의 배당금이 10% 성장한 3,300원이 연금액이 된다. 따라서 해당 주식의 이론적 주가는 '3,000원×(1 + 10%)/(20% – 10%)'을 계산한 33,000원이다.

제4회 실전모의고사

셀프 체크

권장 풀이 시간	25분(OMR 표기 시간 포함)
실제 풀이 시간	_____시 _____분~시 _____분
맞힌 답의 개수	_____개 / 25개

제4회 실전모의고사
모바일 자동 채점 + 성적 분석 서비스
바로 가기(gosi.Hackers.com)

QR코드를 이용하여 해커스공무원의
'모바일 자동 채점 + 성적 분석 서비스'로 바로 접속하세요!
* 해커스공무원 사이트의 가입자에 한해 이용 가능합니다.

정답

01	③ PART 1	06	② PART 2	11	④ PART 3	16	④ PART 4	21	④ PART 6
02	② PART 1	07	① PART 2	12	① PART 3	17	① PART 5	22	④ PART 6
03	③ PART 1	08	③ PART 2	13	② PART 4	18	③ PART 5	23	① PART 6
04	① PART 1	09	① PART 3	14	④ PART 4	19	① PART 5	24	④ PART 6
05	② PART 2	10	① PART 3	15	② PART 4	20	② PART 5	25	② PART 6

취약 단원 분석표

단원	PART 1	PART 2	PART 3	PART 4	PART 5	PART 6	TOTAL
맞힌 답의 개수	/ 4	/ 4	/ 4	/ 4	/ 4	/ 5	/ 25

PART 1 경영학 입문 / PART 2 조직행동론 / PART 3 인적자원관리 / PART 4 생산운영관리 / PART 5 마케팅 / PART 6 재무관리 · 회계학 · 경영정보시스템

---

01 경영학과 경영의사결정 정답 ③

정답 설명

③ 불확실한 상황 하의 의사결정은 의사결정자에게 특정 의사결정의 결과는 알려져 있으나 그 결과가 발생할 확률이 알려져 있지 않은 상태에서 수행되는 의사결정을 말한다.

02 경영학의 발전과정 정답 ②

정답 설명

② 경영학의 발전과정에 대한 설명으로 옳은 것은 ㄴ, ㄷ 2개이다.

오답 분석

ㄱ. 포드 시스템은 범위의 경제(economy of scope)가 아니라 규모의 경제(economy of scale)를 통해 생산원가를 낮추어 가격을 낮추게 된다.

ㄹ. 인간관계학파는 고전적 접근법을 비판하기 위한 목적으로 형성된 학파이다. 그리고 인간관계학파의 형성에 기여한 호손연구는 고전적 접근법을 옹호하기 위한 목적으로 설계된 연구이다.

03 전략분석 / 전략수립 정답 ③

오답 분석

① 가치사슬분석에서 직접적으로 이윤을 창출하는 활동을 본원적 활동이라고 한다.

② 원가우위전략을 추구하는 기업은 구조화된 조직과 책임을 강조하며, 업무의 효율성을 중시한다.

④ 원자재 또는 부품을 독점하거나 특수한 기술을 지니고 있는 공급업체와 거래를 하여야 하는 상황이라면 공급업체의 교섭력이 높아지기 때문에 산업의 수익률은 낮아진다.

04 경영혁신 정답 ①

오답 분석

② 블루오션 전략은 경쟁이 무의미하고, 차별화와 저비용을 동시에 추구하도록 전략이다.

③ 균형성과표는 재무적 관점에 치중되어 있던 전통적인 성과관리체계를 극복하기 위하여 기업의 전략적 목표를 일련의 성과측정지표로 전환할 수 있는 종합적인 틀로써 재무적 관점, 고객관점, 내부프로세스 관점, 학습과 성장관점 등 4개의 범주로 구분하여 성과를 측정하는 것을 말하며, 카플란(Kaplan)이 제시한 개념이다.

④ 지식(knowledge)은 정보(information)를 체계화하여 장래사용에 대해 보편성을 갖도록 한 것이다.

05 학습
정답 ②

정답 설명
② 긍정적 강화와 부정적 강화는 바람직한 행동을 증가시키는 것이 목적이고, 소거와 벌은 바람직하지 못한 행동을 감소시키는 것이 목적이다.

이것도 알면 합격!

강화의 유형(강화전략)

긍정적(적극적) 강화	바람직한 행동이 일어난 후에 긍정적 자극을 주어 그 행동을 반복시키는 강화전략을 의미한다. 즉, 바람직한 행동이 발생했을 때 보상을 부여하는 것이다.
부정적 강화	바람직한 행동이 일어난 후에 부정적 자극을 제거하거나 감소시킴으로써 그 행동을 반복시키는 강화전략을 의미한다. 즉, 바람직한 행동이 발생했을 때 불편자극을 철회하는 것이다.
소거	바람직하지 않은 행동이 일어난 후에 긍정적 자극을 제거하거나 감소시킴으로써 그 행동을 감소시키는 강화전략을 의미한다. 즉, 바람직하지 못한 행동이 발생했을 때 보상을 철회하는 것이다.
벌	바람직하지 않은 행동이 일어난 후에 부정적 자극을 주어 그 행동을 감소시키는 강화전략을 의미한다. 즉, 바람직하지 못한 행동이 발생했을 때 불편자극을 부여하는 것이다.

06 지각
정답 ②

정답 설명
② 자신이 모든 행동의 원인을 통제할 수 있다고 착각하는 지각오류는 통제의 환상이다. 자존적 편견은 평가자가 자신의 자존심을 지키기 위해 자신이 실패했을 때는 자신의 외부적 요인에서 원인을 찾고, 자신의 성공에 대해서는 내부적 요인에서 원인을 찾으려는 경향이다.

07 가치관과 감정 / 태도
정답 ①

정답 설명
① 정서적 몰입은 조직에 대한 정서적 애착을 의미한다. 조직에 대해서 가지는 도덕적 또는 윤리적 의무감으로 조직에 남고자 하는 것은 규범적 몰입이다.

이것도 알면 합격!

조직몰입

조직몰입은 자신이 일하는 조직과 조직의 목표를 동일시하고 그 조직에서 지속적으로 소속되기를 원하는 것을 의미한다. 즉 개인이 특정 조직에 애착을 가짐으로써 그 조직에 남아 조직을 위해서 노력하면서 조직의 가치와 목표를 적극적으로 수용하게 되는 심리상태를 의미한다. 마이어와 알렌(Meyer & Allen)에 따르면 이러한 조직몰입은 정서적 몰입, 지속적 몰입, 규범적 몰입으로 이루어져 있다.

정서적 몰입	조직에 대한 정서적 애착을 의미한다. 핵심요인은 조직을 자신의 확장이라고 생각하는 조직동일시이다. 조직몰입이 높으면 조직에 대해서 긍정적 감정을 가지게 되며 다른 사람들이 자신이 속한 조직을 비판적으로 대하면 자신과 조직을 동일시하여 다른 사람들에 대하여 부정적인 감정을 갖게 된다.
지속적 몰입	조직에 잔류하고자 하는 의도를 의미한다. 이직에 대한 대안이 없으면 몰입은 증가하게 된다. 즉 조직에 절대적으로 만족하지 않지만 현재 자신의 처지에서 다른 조직으로 옮길 자신이 없다면 현재의 조직에 대한 몰입이 증가한다. 따라서 지속적 몰입은 다분히 거래적이며 경제적인 관점에서의 몰입이라고 할 수 있다.
규범적 몰입	조직에 대해서 가지는 도덕적 또는 윤리적 의무감으로 조직에 남고자 하는 것을 의미한다.

08 리더십
정답 ③

오답 분석
① 권력(power)은 쌍방성, 상대성, 가변성 등의 속성을 가진다.

② 준거적 권력은 태도변화 중 동일화(identification)와 관계가 있고, 전문적 권력은 태도변화 중 내면화(internalization)와 관계가 있다.

④ 허시(Hersey)와 블랜차드(Blanchard)의 수명주기이론에 의하면, 부하의 성숙도가 높아짐에 따라 적합한 리더십의 유형은 지시형, 설득형, 참여형, 위임형의 순서대로 변화한다.

09 직무관리
정답 ①

오답 분석
② 직무기술서와 직무명세서 모두 직무를 분석한 결과이다. 직무를 분석한 결과 중 직무특성분석에 의한 과업요건을 중심으로 기록된 것이 직무기술서이고, 하나의 직무를 수행하기 위해 필요한 최소한의 인적자원에 대한 설명이 직무명세서이다. 그리고 직무분석의 범위에 현재 직무를 수행하고 있는 직무수행자는 포함되지 않는다.

③ 개인을 대상으로 한 수평적 직무확대는 직무확대(job enlargement)이고, 개인을 대상으로 한 수직적 직무확대는 직무충실(job enrichment)이다.

④ 직무특성이론에 의하면 모든 작업자들의 직무를 맹목적으로 확대하거나 충실화하는 것은 의미가 없으며, 직무설계에 있어서 작업자의 각자 개인차의 영향도 고려해야 한다는 것이다.

10 확보관리
정답 ①

오답 분석

② 시험-재시험법, 대체형식법, 양분법 등은 타당도가 아니라 신뢰도를 측정하는 방법이다.

③ 바이오데이터 분석은 선발에 있어서 개인의 신상에 대한 모든 정보를 활용하는 방법이고, 성과가 높은 종업원의 표준적인 자질을 데이터화하여 개발된 이상적인 프로파일과 지원자를 비교하여 유사한 자질을 가진 지원자를 선발하는 방법은 프로파일링(profiling)이다.

④ 일반적으로 1종오류는 종합적 평가법을 적용하면 감소시킬 수 있다.

11 교육훈련과 경력개발
정답 ④

정답 설명

④ 경력개발의 최종점을 경력의 닻(anchor)이라고 주장한 사람은 샤인(Schein)이다. 샤인(Schein)에 의하면 개인에 따라 경력목표는 다르게 나타나며, 경력개발의 최종점을 경력의 닻(career anchor)이라고 하였다. 샤인은 이러한 경력의 닻으로 전문역량 닻(전문지식 중심), 관리역량 닻(관리능력 중심), 안전·안정 닻(안정 중심), 기업가적 창의성 닻(창의성 중심), 자율성·독립성 닻(자율과 독립 중심), 봉사 닻(봉사 중심), 도전 닻(호기심, 다양성, 도전 중심), 라이프스타일 닻(균형, 조화 중심) 등을 제시하였다. 따라서 인적자원들은 이러한 경력의 닻 중에서 하나를 선택하여 경력목표를 설정하게 된다.

12 보상관리
정답 ①

오답 분석

② 내부공정성은 임금체계에 반영되고, 외부공정성은 임금수준에 반영된다.

③ 생산성과 수익성은 기업의 지불능력을 판단할 수 있는 지표이고, 종업원의 생계비를 측정하는 지표에는 이론생계비와 실태생계비가 있다.

④ 능률적인 작업과 낭비제거를 유도하기 위해 재료비와 노무비의 절감액을 분배하는 제도는 카이저 플랜이다.

✏️ 이것도 알면 합격!

생산량 기준 성과급제

테일러식 복률성과급	과학적으로 결정된 표준과업량을 기준으로 하여 두 종류의 임률을 제시한다. 정해진 기준에 따라 표준과업량을 달성한 인적자원에게는 훨씬 유리한 임률을 적용한다.
메릭식 복률성과급	테일러식 복률성과급의 결점을 보완할 목적으로 세 종류의 임률을 제시한다. 미숙련자에게도 쉽게 달성할 수 있는 중간임률을 두어 인적자원들의 동기부여를 통해 생산성의 증가를 달성하고자 하는 제도라고 할 수 있다.
리틀식 복률성과급	메릭식 복률성과급의 결점을 보완할 목적으로 네 종류의 임률을 제시한다. 표준과업을 110% 이상 초과달성한 고도숙련자에게 더 큰 동기부여를 주도록 높은 임률을 제공하는 제도이다.
맨체스터 플랜	미숙련 노동자들에게 예정된 성과를 올리지 못하더라도 최저생활을 보장해 주기 위하여 작업성과의 일정한 범위까지는 보장된 임금을 지급하는 제도이다. 따라서 고정급과 변동급이 결합된 형태라고 할 수 있다.

13 경쟁우선순위 / 흐름전략
정답 ②

정답 설명

② 적시인도는 고객이 원하는 시점에 제품을 전달하는 능력을 말한다. 일반적으로 적시인도는 약속된 납품시간(납기)을 엄수하는 빈도를 의미하고, 소비자와 약속한 납기에 제품을 인도하는 비율로 측정하기 때문에 옳은 설명이다.

오답 분석

① 라인흐름전략은 일관된 품질을 강조하고, 유연흐름전략은 고성능 설계를 강조한다.

③ 수량유연성은 기업이 가지고 있는 초과생산능력이나 재고를 통해 달성가능하다.

④ 라인흐름전략은 인도시간이 짧고, 유연흐름전략은 인도시간이 길다.

14 생산능력과 입지
정답 ④

정답 설명

④ 생산능력 이용률은 실제생산능력을 최대(설계)생산능력으로 나누어 계산한다. 따라서 설계생산능력이 커지면 생산능력 이용률은 감소한다.

15 수요예측
정답 ②

오답 분석

① 수요의 시계열 특성은 수평, 추세, 주기변화, 확률적 변동이 있는데, 수평, 추세, 주기변화는 예측이 가능하지만 확률적 변동은 예측이 불가능하다.

③ 누적예측오차가 양(+)의 값을 가지면 수요예측기법의 과소예측을 의미하고, 누적예측오차가 음(-)의 값을 가지면 수요예측기법의 과대예측을 의미한다.

④ 복수기법을 통해 얻은 개별 수요예측값들을 평균하여 최종 예측값을 결정하는 방법은 조합예측이다. 초점예측은 개별 기법에 의하여 도출된 수요예측값들 중에서 가장 최선의 예측값을 최종 예측값으로 선택하는 방법이다.

16 적시생산시스템과 공급사슬관리

정답 ④

정답 설명

④ 공급사슬운영참고(supply chain operations reference, SCOR) 모형은 공급사슬통합과 그 구성요소들의 성과를 측정하기 위한 모형으로 공급사슬관리의 진단, 벤치마킹, 프로세스 개선을 위한 도구로 사용되는 모형이다. 즉, SCC(supply chain council)에 의해 정립된 공급사슬 프로세스의 모든 범위와 단계를 포괄하는 참조 모형으로 최상의 실행(best practices), 수행 데이터 비교, 최적의 지원 IT를 적용하기 위한 표준이다. 이는 실제로는 각각의 기업들이 서로 다른 업무 프로세스나 업적/측정 지표를 갖고 있더라도 전체의 효율을 위해 SCM 공용 프로세스를 구현하는 것을 목적으로 한다. 공급사슬운영참고 모형은 공급사슬운영을 계획, 조달, 생산, 배송, 반품/회수의 다섯 가지 범주로 분리하였다.

17 마케팅조사

정답 ①

정답 설명

① 1차 자료는 획득비용이 높지만 정보의 질이 우수한 특징을 가지며, 2차 자료는 획득비용이 저렴하지만 정보의 질이 떨어지는 특징을 가진다.

이것도 알면 합격!

자료의 유형

자료의 유형은 1차 자료(primary data)와 2차 자료(secondary data)로 구분할 수 있다. 1차 자료는 조사자가 당면한 문제를 해결하기 위해서 직접 수집한 자료를 의미하고, 2차 자료는 다른 조사자가 다른 조사목적으로 이미 수집 및 정리하여 문헌으로 제시한 기존의 모든 자료(기업체, 정부기관, 각종 조사기관의 간행물을 비롯한 대부분의 출판물 및 인터넷 자료 등)를 의미한다. 일반적으로 1차 자료는 2차 자료에 비해 획득비용이 비싸지만 정보의 질이 우수하고, 1차 자료의 수집에 앞서 2차 자료를 먼저 수집하고 검토한다. 이는 2차 자료가 1차 자료보다 비용이 저렴하고 신속하게 수집될 수 있기 때문이다.

18 제품

정답 ③

정답 설명

③ 제품속성과 직접 관련된 연상에는 제품범주, 유형적 제품속성, 지각된 품질 등이 있고, 제품속성과 직접 관련이 없는 연상에는 브랜드 퍼스낼리티, 사용자, 제품용도, 원산지 등이 있다.

19 촉진

정답 ①

정답 설명

① 구매의사결정과정 중 '정보탐색'의 과정에서는 광고와 PR이 바람직하고, '구매행동'의 과정에서는 인적판매와 판매촉진이 바람직하다.

이것도 알면 합격!

촉진수단의 결정

기업은 촉진활동을 효율적으로 수행하기 위하여 촉진수단 중 하나 또는 그 이상을 적절히 활용하게 되는데, 이러한 촉진수단은 다양한 요인의 영향을 받게 된다.

촉진대상 제품의 유형	• 촉진수단은 제품의 유형 또는 성격에 따라 달라질 수 있다. 특히 소비재와 산업재의 경우 그 촉진수단은 분명하게 달라진다. • 최종 소비를 목적으로 하는 소비재는 다양한 촉진수단 중 광고의 중요성이 더 크며, 중간 소비를 목적으로 하는 산업재의 경우에는 인적판매와 같은 촉진수단이 더 중요해지게 된다. 즉, 촉진대상 제품의 유형이 소비재에 가까울수록 광고의 중요성이 더 커지고, 산업재에 가까울수록 인적판매의 중요성이 더 커지게 된다.
구매의사결정 과정	• 소비자는 일반적인 절차에 따라 제품구매의사결정과정을 수행하게 된다. 이러한 과정은 간단하게 '정보탐색'의 과정과 '구매 행동'의 과정으로 구분할 수 있다. • '정보 탐색'의 과정에서는 광고나 PR이 바람직한 촉진수단이 되고, '구매 행동'의 과정에서는 인적판매나 판매촉진이 가장 바람직한 촉진수단이 된다.
제품수명주기	• 촉진대상 제품의 수명주기에 따라 효율적인 촉진수단이 달라질 수 있다. • 도입기와 성장기에 있는 제품은 일반적으로 신규 구매자를 통한 시장점유율 확대가 목적이기 때문에 광고나 홍보 및 PR이 적합한 촉진수단이 된다. • 성숙기에서는 기존 구매자를 대상으로 한 판매촉진이 적합한 촉진수단이 된다. • 쇠퇴기에서는 판매촉진을 지속적으로 실시하되, 광고는 소비자들이 기억을 상기할 정도로만 실시하면 된다.
푸시(push) 전략과 풀(pull) 전략	• 푸시 전략은 제조업자가 최종소비자에게 직접 촉진활동을 하지 않고 유통업자를 통해 촉진하는 방법으로 주로 유통업자의 힘이 강하고 제조업자의 브랜드 인지도가 낮은 경우에 사용하게 되며, 인적판매나 중간상 판매촉진이 적합한 촉진수단이 될 수 있다. • 풀 전략은 제조업자가 최종소비자에게 촉진활동을 함으로써 소비자가 자사제품을 찾도록 하는 전략으로 브랜드 인지가 높은 기업이 주로 사용하며, 광고가 주요한 촉진수단이 될 것이다.

20 고객관계관리와 고객경험관리

정답 ②

정답 설명

② 일반적으로 데이터베이스 마케팅은 고객관계관리를 달성하기 위한 하위 개념 또는 수단으로 이해되며, 직접 마케팅을 수행하기 위한 필수조건이기도 하다.

이것도 알면 합격!

고객관계관리(CRM)

고객관계관리(CRM)는 신규고객 확보, 기존고객 유지 및 고객수익성의 증대를 위하여 지속적인 의사소통을 통해 고객행동을 이해하고 영향을 주기 위한 광범위한 접근을 말하며, 관계마케팅(relationship marketing)이라고도 한다. 즉, 고객에 대한 매우 구체적인 정보를 바탕으로 고객 개개인에게 적합한 차별적인 재화 및 서비스를 제공함으로써 고객과의 개인적 관계를 지속적으로 유지하고 새롭게 변화시키려는 일련의 경영활동이다. 고객관계관리는 과거 대중마케팅에서 지향하고 있는 불특정 다수인을 대상으로 하는 마케팅 노력이 아닌 고객 개개인을 대상으로 하는 일대일(개인화) 마케팅을 지향하는 개념이다. 이는 쌍방향적이면서도 개인적인 의사소통이 필수적이며, 개별고객에 대한 상세한 데이터베이스의 구축이 있어야 비로소 가능하다.

21 자본의 조달 정답 ④

정답 설명
④ 약형 효율적 시장에서 강형 효율적 시장으로 갈수록 더 효율적인 시장이다. 따라서 강형 효율적 시장가설이 성립하는 경우에는 준강형 및 약형 효율적 시장가설은 당연히 성립하고, 준강형 효율적 시장가설이 성립하는 경우에는 약형 효율적 시장가설이 당연히 성립한다.

22 포트폴리오 이론과 자본자산가격결정모형 정답 ④

오답 분석
① 증권시장선은 개별자산 또는 포트폴리오의 시장위험에 대한 위험프리미엄의 균형점들을 연결해 놓은 선이다.
② 자본시장선은 시장포트폴리오와 무위험자산으로 구성되는 효율적 포트폴리오에만 적용할 수 있는 모형이다.
③ 베타(β)가 음의 값을 갖는다는 것은 베타가 상승할수록 수익률이 하락하는 경우를 의미한다.

23 다양한 회계처리 정답 ①

정답 설명
① 자산의 취득원가는 매입원가뿐만 아니라 자산의 취득과 관련하여 발생한 모든 원가를 포함한다. 따라서 구입시 발생한 운송비용은 기계장치의 취득원가에 포함된다. 즉, 기계장치의 구입(운송비용 포함)은 자산의 증가(20,200,000원), 대금을 1개월 후 지급하기로 한 것은 부채의 증가(20,000,000원), 운송비용을 현금으로 지급한 것은 자산의 감소(200,000원)이다.

24 재무제표 정답 ④

정답 설명
④ 유동성 배열법은 신뢰성 있고 더욱 목적적합한 정보를 제공하는 경우를 제외하고는 자산을 유동자산과 비유동자산, 부채를 유동부채와 비유동부채로 재무상태표에 구분하여 표시하는 것이다. 여기서 유동항목과 비유동항목의 구분은 원칙적으로 1년을 기준으로 한다. 즉, 기업이 명확히 식별가능한 영업주기 내에서 재화나 용역을 제공하는 경우에 재무상태표에 유동자산과 비유동자산, 유동부채와 비유동부채를 구분하여 표시한다.

🖊️ 이것도 알면 합격!

재무제표의 작성원칙

현금주의	현금주의란 거래와 관련한 현금이 유입되거나 유출되는 시점에 해당 거래를 재무제표에 기록하는 것을 말한다. 그러나 현금주의에 따라 재무제표를 작성하면 기업의 재무상태와 경영성과를 적정하게 보고하기 어렵다.
발생주의	발생주의란 기업에서 발생한 거래를 현금유입이나 유출과는 관계없이 거래가 발생한 시점에 재무제표에 반영하는 것을 말한다. 여기서 거래가 발생한 시점이란 해당 거래로 인하여 기업의 재무상태와 경영성과에 변동을 가져오는 결정적인 사건이 발생한 시점을 의미한다. 따라서 발생주의는 기업의 수익·비용 창출행위에 대한 구체적인 정보를 거래가 발생한 시점에 반영하여 제공하기 때문에 이론적으로 현금주의보다 우월한 방법으로 인정된다.
수익·비용 대응의 원칙	비용은 발생한 시점에 인식한다. 다만, 비용은 수익을 획득하기 위해 희생된 자원의 가치이므로 관련된 수익이 인식되는 시점과 동일한 시점에 인식하여야 경영자의 기간별 경영성과를 적정하게 측정할 수 있을 것이다. 이에 따라 비용은 관련된 수익이 인식되는 회계기간과 동일한 회계기간에 인식해야 하는데, 이를 수익·비용 대응의 원칙이라고 한다.

25 재무비율분석 정답 ②

정답 설명
② 유동비율은 유동자산을 유동부채로 나눈 것이기 때문에 유동비율을 증가시키기 위해서는 유동자산을 증가시키거나 유동부채를 감소시키면 된다. 따라서 노후화된 차량(비유동자산)을 매각하면 현금(유동자산)이 유입되어 유동비율이 높아진다.

셀프 체크

권장 풀이 시간	25분(OMR 표기 시간 포함)
실제 풀이 시간	____시 ____분~시 ____분
맞힌 답의 개수	____개 / 25개

제5회 실전모의고사
모바일 자동 채점 + 성적 분석 서비스
바로 가기(gosi.Hackers.com)

QR코드를 이용하여 해커스공무원의
'모바일 자동 채점 + 성적 분석 서비스'로 바로 접속하세요!
* 해커스공무원 사이트의 가입자에 한해 이용 가능합니다.

정답

01	④	PART 1	06	①	PART 2	11	③	PART 3	16	③	PART 4	21	④	PART 6
02	②	PART 1	07	②	PART 2	12	④	PART 4	17	②	PART 5	22	④	PART 6
03	③	PART 1	08	④	PART 2	13	③	PART 4	18	④	PART 5	23	②	PART 6
04	④	PART 1	09	②	PART 3	14	①	PART 4	19	①	PART 5	24	②	PART 6
05	①	PART 2	10	③	PART 3	15	④	PART 4	20	②	PART 5	25	②	PART 6

취약 단원 분석표

단원	PART 1	PART 2	PART 3	PART 4	PART 5	PART 6	TOTAL
맞힌 답의 개수	/ 4	/ 4	/ 3	/ 5	/ 4	/ 5	/ 25

PART 1 경영학 입문 / PART 2 조직행동론 / PART 3 인적자원관리 / PART 4 생산운영관리 / PART 5 마케팅 / PART 6 재무관리·회계학·경영정보시스템

---

01 경영의 구성요소와 원리　　정답 ④

오답 분석

① 미시적 환경에는 경쟁자, 소비자, 유통기관, 원재료 공급업자, 주주 등이 있다.

② 거시적 환경에는 정치적 환경, 경제적 환경, 사회적 환경, 기술적 환경 등이 있다.

③ 환경불확실성의 원천 중 환경복잡성과 환경동태성은 환경불확실성을 증가시키지만, 환경풍부성은 환경불확실성을 감소시킨다.

02 기업 / 기업집단화　　정답 ②

오답 분석

① 전방통합은 통합주체의 입장에서 고객방향에 있는 기업을 통합하는 것을 의미하고, 후방통합은 통합주체의 입장에서 공급업체방향에 있는 기업을 통합하는 것을 의미한다. 따라서 후방통합을 통해 양질의 원재료를 안정적으로 공급받아 고품질을 유지할 수 있다.

③ 다수의 동종 또는 유사기업이 경쟁을 제한하고 시장의 독점적 지배를 위해 경제적 독립성과 법률적 독립성을 유지하면서 기업 간 협정을 통해 결합하는 기업집단화의 형태로 기업연합이라고도 한다. 카르텔에 참여하는 기업들은 경제적 및 법률적으로 완전히 독립되어 있기 때문에 협정에 구속력이 없다.

④ 주식회사는 자본조달이 용이하지만, 과세대상 이익에 대해서는 소득세가 아니라 법인세를 납부한다.

이것도 알면 합격!

회사	
합명회사	• 회사의 채무에 관해 직접·무한·연대책임을 지는 사원(무한책임사원)들로만 구성된다. • 각 사원이 회사를 대표하며 업무를 집행하는 기업으로 출자자 상호 간의 신뢰관계를 중심으로 설립된 기업을 말한다.
합자회사	• 무한책임을 지는 출자자(무한책임사원)와 유한책임을 지는 출자자(유한책임사원)로 구성되는 기업을 말한다. • 무한책임사원은 출자와 더불어 경영에도 참여하는 반면에 유한책임사원은 출자만 하고 경영에는 참여하지 않으며 출자액을 한도로 책임을 진다. • 이러한 기업의 형태는 자본은 없으나 경영능력이 있는 사람과 자본은 있으나 경영능력이 없는 사람이 결합하기에 적합한 형태이다.

유한회사	• 출자액을 한도로 하여 기업채무에 대하여 유한책임을 부담하는 출자자로 구성되는 소규모 기업을 말한다. • 합명회사와 주식회사의 장점을 절충한 것으로 소규모 경영에 직접 참여하면서도 책임의 유한성이라는 이점을 살리려는 의도에서 발달한 기업형태이다. • 소유지분의 일부 또는 전부의 양도는 사원총회의 결의에 의하여 허용되며 정관에 양도의 제한을 가하는 것이 가능하고 사원 상호 간의 양도도 정관으로 정하기 때문에 유한회사는 인적 요인에 의해 규제받는 자본적 공동기업이라는 특징을 가지고 있다.
주식회사	• 자본과 경영의 분리를 통하여 일반 투자자로부터 거액의 자본을 조달하고 전문경영자가 기업을 경영하는 자본주의 경제체제에서 가장 대표적인 기업으로 유한책임사원(주주)으로 구성된 회사를 말한다. • 주식회사는 자본조달의 용이성, 유한책임제도, 소유권양도의 용이성, 소유와 경영의 분리, 독립된 실체의 특성을 가진다.

03 조직화 정답 ③

오답 분석

ㄱ. 네트워크 조직은 가상조직이라고도 한다.

ㄹ. 다각적 역할기대나 역할갈등이 발생할 수 있는 조직은 매트릭스 조직이다.

✏️ 이것도 알면 합격!

행렬 조직

행렬 조직(matrix organization)은 기능에 의하여 편성된 조직과, 목표(objectives)에 의하여 편성된 조직을 결합하여 두 조직형태의 장점을 살리려는 조직구조의 형태를 말하는데, 일반적으로 기능별 조직 또는 부문별 조직형태에 프로젝트팀 조직을 결합시킨 형태로 많이 운영된다. 또한, 행렬 조직은 복잡하고 급변하는 환경상황에서도 성장을 추구하려는 조직에서 주로 응용되는 조직유형이다. 따라서 행렬 조직은 효율성과 유연성을 동시에 추구할 수 있는 장점을 가진다. 그러나 조직구성원은 적어도 두 개 이상의 공식적인 집단에 동시에 속하기 때문에 보고해야 하는 상급자도 둘 이상이 되며, 이러한 이유에서 역할갈등(다각적 역할기대)이 발생할 수 있다.

04 전략분석 정답 ④

오답 분석

① 산업구조분석은 정태적 분석에 해당한다.

② 수평적 힘으로 산업 내 경쟁, 신규진입자(진입장벽), 대체재의 존재를 고려하고, 수직적 힘으로 공급자의 교섭력과 소비자(구매자)의 교섭력을 고려하였다.

③ 산업의 집중도가 낮을수록 산업 내 경쟁이 치열해져 산업수익률은 낮아지게 된다.

05 지각 정답 ①

오답 분석

② 해석의 과정은 주관적이며, 판단과정이고 쉽게 왜곡될 수 있다.

③ 높은 합의성, 높은 특이성, 낮은 일관성을 보이는 경우에 지각자는 피지각자의 성과에 대해 외적 귀인하는 경향을 보인다.

④ 인상형성을 위해 다양한 자극이 시간의 순서를 가지고 투입되는 경우 평균의 원리는 적용되지 않고, 합산의 원리만 적용가능하다.

06 동기부여 정답 ①

정답 설명

① 모두 옳지 않은 설명이다.

ㄱ. 허쯔버그(Herzberg)는 조직구조 측면에서 노사나 인사담당부서를 위생요인 담당부문과 동기요인 담당부문을 양분할 것을 제안하고 있다.

ㄴ. 맥클리랜드(McClelland)는 인간의 욕구가 학습된 것이기 때문에 인간의 행동에 영향을 미치는 욕구의 서열은 사람마다 다르다고 주장하였다.

ㄷ. 데시(Deci)는 어떤 직무에 대하여 내재적 동기가 유발되어 있는 경우에 외재적 보상이 주어지면 내재적 동기가 감소된다고 주장하였다.

ㄹ. 브룸(Vroom)은 동기부여의 강도를 기대감, 수단성, 유의성의 곱으로 설명하였다.

07 집단행동 정답 ②

정답 설명

ㄴ. 일반적으로 집단응집성이 높아지게 되면 집단의 성과가 높아지게 되며, 집단의 목표와 조직의 목표가 일치하는 경우에 조직의 성과는 높아진다. 따라서 집단응집성이 높아진다고 해서 항상 조직의 성과가 높아지는 것은 아니다.

ㄷ. 역할기대와 역할행동이 일치하지 않기 때문에 역할갈등이 발생한다. 이러한 역할갈등에는 역할모호성, 역할무능력, 다각적 역할기대, 역할마찰 등이 있다.

08 리더십 정답 ④

정답 설명

④ 타인을 위한 봉사에 초점을 두고, 부하와 고객을 우선으로 그들의 욕구를 만족시키기 위해 헌신하는 리더십은 서번트 리더십(servant leadership)이다. 수퍼 리더십(super leadership)은 지시와 통제에 의해서가 아니라 부하가 자발적으로 리더십을 발휘하도록 여건을 조성하는 리더십을 의미한다. 즉, 부하를 셀프리더(self leader)로 만들어주는 리더십으로 부하의 주체적 존재를 인정하고 그 역량발휘를 지원한다.

09 확보관리
정답 ②

오답 분석

① 인적자원의 수요예측기법 중 자격요건분석기법은 단기적 예측에 적합하고, 시나리오기법은 장기적 예측에 적합하다.

③ 선발비율은 지원자 가운데 최종 선발된 인원의 비율을 말하고, 지원자들이 모집과 선발의 각 단계에서 어떻게 인원이 선택되고 축소되는지를 보여주는 비율은 산출비율이다.

④ 시험–재시험법, 대체형식법 등은 신뢰도 분석방법에 해당한다.

10 전환배치와 승진
정답 ③

정답 설명

③ 조직변화 승진은 승진대상자에 비해 승진대상직위가 부족한 경우에 조직변화를 통해 승진대상직위를 늘림으로써 인적자원들에게 (직급) 승진의 기회를 확대하는 방법이다.

11 인적자원의 유지
정답 ③

정답 설명

③ 비노조원도 채용할 수 있으나, 일정기간이 경과된 후 반드시 노동조합에 가입하여야 하는 제도는 유니온 숍(union shop)에 대한 설명이다.

12 배치설계
정답 ④

정답 설명

④ 다품종 소량생산의 경우 제품별 배치를 채택하면 잉여생산능력이 발생하여 비효율적이다.

이것도 알면 합격!

배치설계

공정별 배치	• 유사한 기능을 수행하는 기계나 장비 또는 부서들을 한 곳에 묶어 배치하는 형태를 말한다. • 공정별 배치는 작업기능의 종류에 따라 공정(기계와 인원)들을 분류하고, 같은 종류의 작업기능을 갖는 공정들을 한 곳에 모아 배치하는 형태이기 때문에 기능별 배치(functional layout)라고도 한다. • 소량생산, 제품의 다양성 등이 필요한 유연흐름전략을 사용하는 기업에서는 공정을 중심으로 인력 및 장비 등의 자원을 편성하게 되며, 많은 종류의 제품을 생산하거나 다양한 고객에게 서비스를 제공하기 위해 동일한 작업을 수행해야 하는 경우가 일반적이기 때문에 다품종 소량생산의 형태에 적합하다. • 일반적으로 범용기계설비가 사용된다. • 종합병원이나 테마파크(theme park)의 배치설계가 가장 대표적인 공정별 배치의 예이다.
제품별 배치	• 제품의 유형에 관계없이 제품이 만들어지는 생산순서에 따라서 기계 및 설비를 배열하는 배치형태를 말하며, 자재의 흐름은 공정별 배치와는 달리 일직선의 형태를 보이는 것이 일반적이다. • 반복적이고 연속적인 생산이 필요한 라인흐름전략을 사용하는 기업에서는 특정 제품에 자원을 전담시키게 되며, 제품의 작업순서에 따라 기계설비를 배치하는 형태를 취하게 된다. 따라서 단일품종의 대량생산, 연속적 생산에서와 같이 제품의 표준화 정도가 높은 경우에 많이 이용되는 배치형태로 자본집약적인 전용 설비를 사용하게 된다. • 자동차 생산라인의 배치설계가 가장 대표적인 제품별 배치의 예이다.
다수기계 보유방식 (OWMM)	• 한 작업자가 여러 대의 기계를 동시에 운영하여 흐름 생산을 달성하고자 하는 방식을 말하는데, U자형 배치라고도 한다. • 다수기계보유 작업방식을 도입하면 노동력 절감뿐만 아니라 자재가 대기상태로 묶여 있지 않고 다음 공정으로 이동하기 때문에 재고감소효과과도 있다.
집단가공법 (GT)	• 유사한 특성을 지닌 제품이나 부품을 크기, 모양, 필요작업, 경로상의 유사점, 수요 등의 요인에 기초하여 하나의 군(family)으로 분류하고 이를 생산하는 기계의 군을 별도로 운영하는 것을 말한다. • 특정부품군의 생산에 필요한 기계들을 모아 가공진행순으로 배치한 것인데, GT의 기법은 공정별 배치를 기본으로 하고 일부를 제품별 배치를 적용한 형태라고 할 수 있으며, 제품별 배치를 적용한 작업장을 GT 셀(cell)이라고 한다. • GT를 적용함으로써 얻게 되는 장점으로는 작업준비시간의 감소, 자동화의 기회 증대, 재공품 재고의 감축, 자재 이동의 감소 등의 효과가 있지만, 부품 분류에 따른 업무가 증가할 수 있으며, 기계설비의 중복투자가 발생하고 기계설비의 전용에 어려움이 생길 수 있다.
위치고정형 배치	• 제품(재공품)이 한 위치에 고정되어 있고 작업자와 장비가 제품이 있는 위치로 이동하여 작업을 수행하게 되며, 제품의 이동횟수를 최소화하기 위한 배치형태를 말한다. • 비행기, 선박, 열차 등의 생산 및 댐 건설과 같이 중간제품 또는 제품의 이동이 어려운 제품생산에 활용되는 배치형태이다.

13 공정설계 / 배치설계
정답 ③

정답 설명

③ 라인밸런싱은 각 작업장에서 생산주기시간(cycle time)에 거의 가까운 시간이 소요되도록 과업을 할당함으로써 유휴시간(idle time) 또는 작업공전(starving)을 최소화하여 작업자와 설비의 이용도를 높이고자 하는 것을 목적으로 한다. 작업공전은 작업을 하면서 선행 과정에서 작업 물량이 원활하게 공급되지 못하고 작업 단계마다 저장 공간이 없는 경우에 작업량이 없어서 작업을 진행할 수 없는 상태를 의미한다.

14 수요예측

정답 설명

① 누적예측오차는 오차를 단순히 합한 것이기 때문에 '20-20+30+10'을 계산한 40이다. 그런데, 누적예측오차가 양의 값을 가지면 과소예측을 판단하고 음의 값을 가지면 과대예측을 판단하기 때문에 해당 문제는 수요예측이 과대예측이 아니라 과소예측되어 있다.

15 재고관리
정답 ④

정답 설명

④ 연간 재고유지비용은 평균재고와 단위당 재고유지비의 곱으로 계산한다. 따라서 경제적 주문량(EOQ)이 커지면 연간 재고유지비용은 증가한다.

16 품질경영
정답 ③

정답 설명

③ 말콤 볼드리지 상은 1987년 8월 20일 당시 로널드 레이건 대통령에 의해 최종적으로 승인된 말콤 볼드리지 국가품질개선법에 의해 제정된 상이다. 국제표준기구에 의해 제정된 제3자 기관에 의한 품질시스템 인증제도는 국제품질표준(ISO)이다.

🖋️ 이것도 알면 합격!

국제품질표준(ISO)

ISO 9000	품질 프로그램의 문서화에 대한 표준을 의미한다. 그 인증과정은 기업이 자격을 가진 외부 심사관에게 자료를 제시하여 이 표준에 대한 인증을 획득하게 되고, 인증이 되면 기업의 이름이 이 목록에 추가되고 고객들로 하여금 어떤 기업이 어떤 수준의 품질수준으로 인증되었는지에 대한 정보를 제공하게 된다. ISO 9000의 인증이 제품의 실제 품질에 대해서는 아무런 시사점이 없으나, 그 기업이 자신이 주장하는 품질에 대해 입증할 자료를 제시할 수 있다는 측면에서 객관성 확보의 측면이 강하다고 할 수 있다.
ISO 14000	원재료의 사용과 유해물질의 생성, 처리, 폐기를 지속적으로 요구하는 표준이며, 환경성과 측면에서 성과를 지속적으로 개선하는 계획을 수립할 것을 요구한다. 이는 환경경영시스템, 환경성과평가, 환경용어, 수명주기평가 등으로 구성되어 있다.
ISO 26000	기업의 사회적 책임을 인증범위로 하는 국제품질표준이다.
ISO 27000	기업의 정보보안 시스템을 인증범위로 하는 국제품질표준이다.
ISO 31000	기업의 위험관리를 인증범위로 하는 국제품질표준이다.

17 소비자행동분석

정답 설명

② 실제적 자아개념은 개인이 자신을 어떻게 지각하는가와 관련된 자아개념이고, 이상적 자아개념은 자신이 어떻게 되고 싶은가와 관련된 자아개념이다. 또한, 사회적 자아개념은 타인이 자신을 어떻게 보는가와 관련된 자아개념이고, 이상적 사회적 자아개념은 타인이 자신을 어떻게 봐주었으면 하는가와 관련된 자아개념이다.

18 STP 전략
정답 ④

오답 분석

① 목표시장을 선정하기 전에 고객, 경쟁사, 자사에 대한 분석이 선행되어야 하는데, 이는 미시적 환경에 대한 분석과정이다.

② 경쟁제품과는 다른 자사제품의 차별적 요소를 표적시장 내 목표고객의 머리 속에 인식시키기 위한 활동은 포지셔닝이다. 목표시장 선정은 구분된 세분시장들 중에서 한 개 또는 다수의 세분시장을 선택하여 마케팅역량을 집중시키는 것을 말한다.

③ 포지셔닝기법 중 다차원 척도법에서는 관리자가 직접 관리할 수 있는 구체적인 속성을 비교하는 것은 컨조인트 분석이다. 다차원 척도법은 소비자로 하여금 제품을 총체적으로 비교하게 하는 것이다.

19 제품
정답 ③

정답 설명

③ 소비자가 한 제품범주에 속한 특정 상표를 재인(recognition)하거나 회상(recall)하는 능력은 브랜드 인지도이다. 브랜드 이미지는 소비자들이 기업에 대하여 인지하고 있는 브랜드에 대한 전반적인 인상을 의미한다.

🖋️ 이것도 알면 합격!

브랜드 인지도

브랜드 재인 (recognition)	한 브랜드에 대한 정보가 기억 속에 있는지의 여부를 의미하는 것으로 브랜드 회상(recall)보다는 상대적으로 인지도의 강도가 약하며 소비자들에게 한 제품범주 내에 있는 여러 브랜드명을 제시해 주고 각 브랜드명을 과거에 보았거나 들어본 적이 있는지를 조사하는 것이다.
브랜드 회상 (recall)	소비자들이 자신의 기억 속에 이미 저장되어 있는 특정 브랜드의 정보를 그대로 인출할 수 있는 능력을 말한다. 브랜드 회상은 관련된 실마리가 주어졌을 때 소비자들이 그 브랜드를 기억으로부터 올바르게 일으키는 것이 요구된다. 또한, 브랜드 회상은 브랜드 재인보다 강도가 강한 인지도로써 소비자들에게 한 제품범주 안에서 생각나는 브랜드들을 열거하도록 하여 기억된 브랜드들을 발견하는 것이다.

① 가격차별을 위해서는 세분화 시장 간 물품거래가 이루어지지 않아야 한다. 즉, 차익거래가 불가능하여야 한다.

③ 준거가격 또는 참고가격은 소비자들이 제품가격의 높고 낮음을 평가할 때 비교기준으로 사용하는 가격을 의미한다. 따라서 소비자는 어떤 제품의 가격이 준거가격보다 높으면 비싸다고 인지하고, 준거가격보다 낮다면 싸다고 인지한다. 일반적으로 관습가격이 준거가격으로 사용되는 경우가 많다. 고가격은 고품질이라는 인식에 기반을 둔 가격-품질연상효과를 이용한 소비자심리와 관련된 가격전략은 명성가격이다.

④ 소비자들이 자사의 제품에 대한 가치를 어떻게 지각하고 있는지를 알아내는 것이 중요한 것은 수요중심 가격결정방법이다. 원가중심 가격결정방법 중 가장 대표적인 방법은 원가가산 가격결정이다. 원가가산 가격결정(cost-plus or markup pricing)은 단위당 원가에 일정비율의 이윤(margin)을 더해 판매가격을 결정하는 방법을 말한다. 이러한 방법은 계산이 쉽고 원재료의 가격상승으로부터 판매자를 보호해주는 장점이 있지만, 수요의 가격탄력성을 무시하고 있다는 한계점을 가지고 있다. 그 외에 손익분기 가격결정(break-even-point pricing)이 있는데, 이는 제조원가 중 고정비(fixed cost)를 회수하는 데 주안점을 두어 목표이익률이 실현될 수 있게 가격을 결정하는 방법이다.

21 재무제표 정답 ④

정답 설명

④
- 기초자본 = 기초자산 − 기초부채 = 70,000원 − 60,000원 = 10,000원
- 기말자본 = 기말자산 − 기말부채 = 100,000원 − 40,000원 = 60,000원
- 자본증가액 = 기말자본 − 기초자본 = 당기수익 − 당기비용 = 50,000원
- 당기수익 = 자본증가액 + 당기비용 = 50,000원 + 100,000원 = 150,000원

22 재무제표 정답 ④

정답 설명

④ 주식발행초과금, 감자차익, 자기주식처분이익 등은 자본잉여금에 해당하고, 자기주식, 주식할인발행차금, 감자차손, 자기주식처분손실 등은 자본조정에 해당한다. 그리고 법정적립금, 임의적립금, 미처분이익잉여금 등은 이익잉여금에 해당한다.

23 재무비율분석 정답 ②

정답 설명

② 총자본순이익률(ROA) = $\dfrac{순이익}{매출액} \times \dfrac{매출액}{총자본} \times 100\%$

$= \dfrac{순이익}{총자본} \times 100\%$

$=$ 매출액순이익률 × 총자본회전율

🖋 **이것도 알면 합격!**

재무비율분석

- 유동비율 $= \dfrac{유동자산}{유동부채} \times 100\%$
- 부채비율 $= \dfrac{부채}{자기자본} \times 100\%$
- 이자보상배율 $= \dfrac{영업이익}{이자비용} \times 100\%$
- 당좌비율 $= \dfrac{당좌자산}{유동부채} \times 100\% = \dfrac{유동자산 - 재고자산}{유동부채} \times 100\%$
- 주가수익비율(PER) $= \dfrac{주가}{주당순이익}$

24 포트폴리오 이론과 자본자산가격결정모형 정답 ②

① 일반적으로 위험회피형 투자자를 이성적인 투자자라고 할 수 있다.

③ 비체계적 위험은 분산투자를 통해서 제거가 가능한 위험이고, 체계적 위험은 분산투자를 통해서 제거되지 않는 위험이다.

④ 기대수익률이 높을수록 투자자의 효용은 증가하며 분산이 클수록 효용은 감소한다.

25 회계학의 기초개념 정답 ②

정답 설명

② 회계상 거래는 기업의 경영활동에서 자산, 부채, 자본, 수익, 비용의 증감·변화를 일으키는 것을 의미하고, 화폐금액으로 신뢰성 있게 측정가능하여야 한다. 따라서 계약, 주문서 발송, 종업원 채용 등은 일상생활에서는 거래라고 하지만 자산, 부채, 자본의 증감변화가 일어나지 않으므로 회계에서는 거래로 보지 않는다. 즉, 계약, 주문, 채용, 담보제공 등은 일반적인 거래에는 해당하지만 회계상 거래에는 해당하지 않으며, 화재, 도난, 파손 등은 일반적인 거래에는 해당하지 않지만 회계상 거래에는 해당한다. 즉, ㄱ과 ㄹ은 회계상 거래에 해당하고, ㄴ과 ㄷ은 회계상 거래에 해당하지 않는다.

MEMO

MEMO

입실 5분 전!
점수 끌어올리는
경영학 핵심문장

* 왼쪽 박스에 경영학 학습을 마무리하고, 시험 직전에 다시 한 번 짚고 넘어가야 할 단원별 핵심문장들을 엄선하여 수록하였습니다.
* 오른쪽 빈 박스에 핵심문장 내 주요한 개념이나 관련하여 헷갈릴 수 있는 내용들을 스스로 정리해보시고, 시험 직전에 활용하는 것을 추천합니다.

PART 1 / 경영학 입문

경영의사결정은 '문제의 인식 → 목표설정 → 대안의 도출 → 대안의 평가 → 의사결정'의 순으로 이루어진다.

불확실한 상황에 직면한 의사결정자 중 추가적인 정보를 수집하는 것이 불가능한 경우에는 의사결정기준을 통해 의사결정을 수행하며, 의사결정기준 중 라플라스 기준(Laplace criterion)은 동일발생확률을 가정하여 불확실한 상황을 위험한 상황으로 바꾸어 의사결정을 하는 기준이다.

전략적 의사결정은 대부분 비정형적 의사결정으로 구성되어 있지만, 일부 정형적 의사결정이 포함되어 있다.
= 일반적으로 전략적 의사결정은 비정형적 의사결정의 성격을 가진다.

서비스는 소멸성을 가지지만 서비스를 소비한 결과인 서비스효과는 지속성을 가진다.

경영환경은 기업의 경계를 기준으로 내부환경과 외부환경으로 구분할 수 있으며, 산업(시장)의 경계를 기준으로 미시적 환경과 거시적 환경으로 구분할 수 있다.

테일러(Taylor)의 과학적 관리법은 과업관리(동작연구와 시간연구), 차별적 성과급제, 기획부제도, 직능별 직장제도, 작업지도표제도를 특징으로 한다.

테일러(Taylor)의 과학적 관리법은 노동 및 생산의 과학화를 추구한 데에 비해 페욜(Fayol)의 관리과정론은 관리의 과학화를 추구한다.

테일러(Taylor)의 과학적 관리법은 고임금 저노무비의 원칙을 따르고, 포드(Ford)시스템은 고임금 저가격의 원칙을 따른다.

폐쇄시스템의 경계는 경직되고 통과하기 어렵지만, 개방 시스템의 경계는 좀 더 유연하여 통과하기 쉽다.

캐롤(Carroll)은 기업의 사회적 책임을 경제적 책임, 법적 책임, 윤리적 책임, 자선적 책임으로 구분하였다.

지속가능경영은 사회적 책임, 경제적 책임, 환경적 책임으로 구성되어 있다.

수평적 결합은 같은 산업에서 생산단계가 비슷한 기업 간에 이루어지는 통합을 의미하고, 수직적 결합은 한 기업이 생산과정이나 판매경로상 다른 단계에 있는 기업과의 통합을 의미한다.

자기주식의 취득을 통한 적대적 M&A의 방어전략은 대주주의 지분을 상승시키는 효과와 주가를 상승시키는 효과가 있다.

조직화의 과정 중 수평적 분화는 '라인부문의 형성(단위적 분화와 직능적 분화) → 전문스텝의 형성(요소적 분화) → 관리스텝의 형성(과정적 분화)'의 순서로 진행된다.

위원회 조직은 특정 과업을 수행하는 것을 목적으로 형성된 상설조직이고, 프로젝트팀 조직은 특정 과업을 수행하는 것을 목적으로 형성된 일시조직이다.

네트워크 조직(= 가상 조직)은 조직 구성원들이 가상적으로 한 공간을 공유하고, 프로젝트팀 조직은 조직 구성원들이 물리적으로 한 공간을 공유한다.

행렬 조직의 조직 구성원은 보고해야 하는 상급자가 둘 이상이 되며, 이러한 이유에서 역할갈등(특히, 다각적 역할기대)이 발생할 수 있다.

SWOT 분석은 내부환경과 외부환경이라는 관점에서 현재 기업이 가지고 있는 자원과 역량을 분석하는 기술적 방법(descriptive method)이다.

BCG 매트릭스에서 상대적 시장점유율은 1보다 클 수 있으며, 이는 해당 사업부가 시장에서 가장 높은 시장점유율을 차지하고 있다는 것을 의미한다.

다운사이징(downsizing)은 조직의 효율, 생산성, 경쟁력을 높이기 위해서 비용구조나 업무흐름을 개선하는 일련의 조치들로 필요가 없는 인원이나 경비를 줄여 낭비적인 요소를 제거하는 것을 의미한다.

구조조정(restructuring)은 기업이 장기적으로 치열한 경쟁에서 살아남아 경쟁우위를 확보하기 위해 제품이나 사업의 편성을 변경하고, 사업의 생산·판매·개발시스템을 구조적으로 변화시키고 재편성하는 등 의도적이고 계획적으로 사업구조를 재구성하는 것을 의미한다.

리엔지니어링(business process reengineering, BPR)은 업무방식을 단순히 개선 또는 보완하는 차원이 아니라 고객만족이라는 전제하에서 업무를 처리하는 방식을 근본적으로 개선하고 업무프로세스 자체를 바꿈으로써 경영효율을 높이는 기법을 의미한다.

벤치마킹(benchmarking)은 제품이나 업무수행과정 등 경영의 어느 특정 부문에서 최고의 성과(best practice)를 올리고 있는 다른 기업을 선정하고 그 부문에서 우리 기업과 그 기업 사이의 차이를 비교·검토한 후에 학습과 자기혁신을 통해 성과를 올리려는 지속적인 노력을 의미한다.

지식은 '사회화(socialization) → 표출화(externalization) → 연결화(combination) → 내면화(internalization) → 사회화 → ···'가 순차적이고 지속적으로 순환하는 암묵지와 형식지 간의 상호변환과정을 통해 창출된다.

통합적인 지식경영 프레임워크를 성공적으로 수행하기 위해서는 조직문화, 조직전략, 프로세스, 정보기술과 같은 구성요소가 필요하다.

기업은 블루오션전략을 통해 기회를 최대화하고 위험을 최소화하는 것이 가능하다.

치열한 경쟁시장인 레드오션과 경쟁자가 없는 시장인 블루오션을 조합한 시장을 퍼플오션이라고 한다.

A형 성격은 야심이 크고 경쟁적이며 공격적인 성향을 가지고 항상 시간 압박에 쫓기는 성격이며, B형 성격은 물건에 대한 욕심이 별로 없으며 양적인 면보다 질적인 면을 중요시하는 성격이다.

A형 성격은 업무수행 측면에서 유리하고, B형 성격은 인간관계 측면에서 유리하다.

성격은 통제의 위치에 따라 내재론자와 외재론자로 구분할 수 있으며, 내재론자에 비하여 외재론자는 스스로 통제가 불가능하기 때문에 상대적으로 평소에 걱정을 더 많이 한다.

내재론자는 자율적 업무와 참여적 관리스타일이 적합하고, 외재론자는 완전통제된 업무와 지시적 관리스타일이 적합하다.

빅 파이브모형은 성실성, 우호성(친화성), 경험에 대한 개방성, 외향성, 신경증성향(정서적 안정성)으로 구성되어 있다.

긍정심리자본은 자기효능감, 희망, 낙관주의, 복원력의 4가지 구성요소를 가진다.

상동적 태도(stereotyping)는 피지각자의 외부적 요인이 영향을 미치는 지각오류이며, 후광효과(halo effect)는 피지각자의 내부적 요인이 영향을 미치는 지각오류이다.

바람직한 행동을 증가시키기 위한 강화전략에는 긍정적 강화와 부정적 강화가 있으며, 바람직하지 못한 행동을 감소시키기 위한 강화전략에는 소거와 벌이 있다.

연속적 강화는 학습의 효과를 단기간 동안에 높일 수 있는 장점이 있으나 강화요인이 중단되면 작동행동도 반복되지 않음으로써 학습의 효과가 감소될 수 있다.

태도는 인지적 요소, 정서적(감정적) 요소, 행동적 요소로 구성되어 있다.

태도가 구체적인 개념이라면, 가치관은 태도에 비해 보다 광범위하고 포괄적인 개념이다.

조직몰입은 정서적 몰입, 지속적 몰입, 규범적 몰입으로 이루어져 있다.

조직시민행동이란 조직 구성원들이 조직 내에서 급여나 상여금 등의 공식적 보상을 받지 않더라도 조직의 발전을 위해서 희생하고 자발적으로 일을 하거나 다른 구성원들을 돕는 행동 및 조직 내의 갈등을 줄이려는 자발적 행동들을 의미한다.

조직시민행동은 이타주의, 성실성(양심), 시민의식, 예의, 스포츠맨십의 구성요소를 가지는데, 이타주의와 예의는 조직 내 다른 구성원을 지향하므로 '조직시민행동-개인(OCB-I)'이라고 부르고, 성실성(양심), 시민의식, 스포츠맨십은 행동의 대상이 조직을 지향하기 때문에 '조직시민행동-조직(OCB-O)'이라고 부른다.

태도 변화를 촉진시키는 요인에는 일을 좋아함, 효과적 감독, 보상, 강압적 방법 등이 있고, 태도 변화를 억제시키는 요인에는 피로, 집단의 작업규범, 적개심, 반발심 등이 있다.

브룸(Vroom)은 동기부여를 계량화하고자 하였으며, 동기부여의 크기는 양(+), 0, 음(-)의 값을 모두 가질 수 있다고 보았다.

소속집단과 준거집단은 일치할 수도 있고 일치하지 않을 수도 있지만, 일반적으로 소속집단과 준거집단이 일치하는 경우에 개인의 성과는 높아지게 된다.

다른 집단과의 경쟁심을 조성하면 집단의 응집성은 높아지지만, 집단구성원들 간의 경쟁심을 조성하면 집단의 응집성은 오히려 낮아진다.

분배적 협상은 제한된 자원을 두고 누가 더 많은 부분을 차지할 것인가를 결정하는 협상이다. 이러한 협상은 각자의 입장에 따라 목표수준(얻고자 하는 수준)과 저항수준(양보가 불가능한 수준) 사이에서 합의가 이루어진다.

통합적 협상은 서로가 모두 만족할 수 있는 선에서 상호 승리를 추구하는 협상이다. 서로의 이해관계에 대한 파악과 정보 공유를 통해 각자의 욕구가 모두 충족되는 수준에서 합의가 이루어진다.

직접 의사소통보다 간접 의사소통에서 정보의 왜곡이 발생할 가능성이 더 높다.

집단사고(group think)는 지나치게 동질적인 집단이 그 동질성으로 인해 지나치게 비합리적인 의사결정을 하는 경우를 의미하는데, 이러한 집단사고를 줄이는 방법에는 집단지성을 높이는 방법과 지명반론자법(= 악마의 증언) 등이 있다.

애쉬효과(= 편승효과)는 집단 내 다수의 틀린 의사결정이 자신의 정확한 의사결정에도 영향을 미칠 수 있다는 것을 의미하고, 스놉효과(= 백로효과)는 다른 사람들이 소비하면 그 상품에 대한 수요량이 오히려 감소하는 효과를 의미한다.

조직정치란 개인이나 집단이 원하는 결과를 얻는 데에 필요하다고 판단되는 권력을 획득하거나 이를 증가시키기 위해 하는 행동을 의미하고, 이러한 행동은 합법적일 수도 있고 비합법적일 수도 있다.

거래적 리더십은 조건적 보상과 예외에 의한 관리(자유 방임)가 대표적인 구성요소이며, 변혁적 리더십은 카리스마, 개별적 배려, 지적 자극, 영감적 동기가 대표적인 구성요소이다.

조직개발기법 중 개인행동 개발기법에는 감수성훈련, 상호교류분석, 경력개발 등이 있으며, 조직(집단)행동 개발기법에는 팀 구축, 설문조사 피드백, 과정자문, 그리드 조직개발 등이 있다.

직무기술서(job description)는 직무특성분석에 의한 과업요건에 중점을 두고 기록되며, 직무명세서(job specification)는 해당 직무를 수행하는 직무수행자가 갖추어야 하는 자격요건(인적 특성)을 그 내용으로 한다.

직무분석과 직무평가의 범위에 현재 직무를 수행하고 있는 직무수행자(담당자)는 포함되지 않는다.

직무확대(job enlargement)는 개인을 대상으로 한 수평적 직무확대를 의미하고, 직무충실(job enrichment)은 개인을 대상으로 한 수직적 직무확대를 의미한다.

직무순환(job rotation)은 집단을 대상으로 한 수평적 직무확대와 수직적 직무확대의 측면을 동시에 가지고 있는 직무설계의 형태이다.

선발도구의 타당도가 확보되면 신뢰도는 확보되지만, 신뢰도가 확보되었다고 해서 타당도가 확보되는 것은 아니다.

기준타당도, 내용타당도, 구성타당도 중 가장 주관적인 타당도는 내용타당도이다.

기준타당도는 현직 종업원을 대상으로 측정되는 동시(현재)타당도와 지원자를 대상으로 측정되는 예측(미래)타당도로 구분할 수 있다.

일반적으로 동시(현재)타당도가 예측(미래)타당도보다 측정하는 데 걸리는 시간은 짧지만, 정확성이 떨어진다.

인사평가의 방법 중 평정척도법은 관대화경향, 중심화경향, 가혹화경향, 후광효과 등의 오류가 발생할 가능성이 있다.

인사평가의 방법 중 강제할당법은 관대화경향, 중심화경향, 가혹화경향을 어느 정도 극복할 수 있으나 평가집단이 전체적으로 우수하거나 열등한 경우에는 적합하지 않은 방법이다.

인사평가의 방법 중 다면평가제도 또는 360도 성과피드백은 인사평가과정에서 시간과 비용이 많이 발생하며, 피평가자가 인사평가로 인해 받는 스트레스를 증가시킬 수 있는 단점이 있다.

2차 평가자의 오류는 1차 평가자와 2차 평가자 사이의 의사소통을 감소시킴으로써 줄일 수 있다.

승급은 동태적인 임금수준의 조정이고, 베이스 업은 정태적인 임금수준의 조정이다.

직무급, 연공급, 직능급, 성과급 중 가장 객관적인 임금체계는 연공급이다.

맨체스터 플랜(Manchester plan)은 미숙련 노동자들에게 예정된 성과를 올리지 못하더라도 최저생활을 보장해주기 위하여 작업성과의 일정한 범위까지는 보장된 임금을 지급하는 제도이다.

간트식(Gantt) 할증급, 비도우식(Bedaux) 할증급, 할시식(Halsey) 할증급 중 배분율이 가장 높은 것은 간트식 할증급이고, 가장 낮은 것은 할시식 할증급이다.

로완식(Rowan) 할증급은 절약임금의 규모에 따라 배분율을 다르게 하는 제도로, 규모가 커지면 배분율은 감소한다.

카이저 플랜(Kaiser plan)은 재료비와 노무비의 절감액을 분배하는 제도이고, 프렌치 시스템(French system)은 모든 비용의 절감액을 분배하는 제도이다.

스캔론 플랜(Scanlon plan)은 판매가치를 기준으로 임금분배액을 계산하고, 럭커 플랜(Rucker plan)은 부가가치를 기준으로 임금분배액을 계산한다.

브로드밴딩(broadbanding)은 정보기술의 발달로 인한 조직계층 수의 축소와 수평적 조직의 확산으로, 전통적인 다수의 계층적인 임금구조를 통합하여 보다 폭넓은 임금범위를 가지는 소수의 임금등급(pay grade)으로 축소시키는 것이다.

직급승진은 경쟁이 발생하기 때문에 상대평가를 원칙으로 하고, 자격승진은 경쟁이 발생하지 않기 때문에 절대평가를 원칙으로 한다.

조직변화승진은 승진대상자에 비해 승진대상직위가 부족한 경우에 조직변화를 통해 승진대상직위를 늘림으로써 인적자원들에게 (직급)승진의 기회를 확대하는 방법이다.

경영참여는 노동조합의 정치적 기능이 확대된 개념이라고 할 수 있다.

쟁의행위는 노동조합뿐만 아니라 사용자도 그 주체가 될 수 있으며, 대표적인 사용자의 쟁의행위에는 직장 폐쇄가 있다.

노동쟁의의 조정방법에는 조정, 중재, 긴급조정이 있으며, 순서대로 그 구속력은 커진다.

대기행렬모형은 상충관계를 가지는 대기비용과 서비스
비용의 합을 최소화시키는 서비스시설의 규모(= 경로의
수)를 결정하고자 하는 모형이며, 일반적으로 켄달 표기
법(Kendall notation)으로 표시한다.

모듈러 설계는 제품계열에 있는 여러 가지 상이한 제품
에 사용될 수 있는 일련의 기본적인 부품(또는 모듈)을 설
계하는 것을 의미하는데, 이를 통해 대량고객화의 개념을
달성할 수 있다.

가치분석은 기존 제품에 적용하고, 가치공학은 신제품에
적용한다.

품질기능전개(quality function deployment, QFD)는
제품설계의 개선방법뿐만 아니라 품질개선의 방법으로
도 이해할 수 있으며, 표준화된 문서양식을 의미하는 품
질의 집(house of quality, HOQ)을 활용한다.

로버스트 설계(robust design)는 노이즈(noise)에 둔감
한, 즉 노이즈에 의한 영향을 받지 않거나 덜 받도록 하
는 설계를 의미한다.

전용설비는 초기투자비용인 고정비가 크지만 단위당 변
동비가 작고, 범용설비는 초기투자비용인 고정비가 작지
만 단위당 변동비가 크다.

공정별 배치, 제품별 배치, 혼합형 배치는 제품이 이동하
고 작업이 고정되어 있다는 공통점을 가지고, 위치고정
형 배치는 제품의 이동을 최소화시키고 작업이 이동한다
는 특징을 가진다.

다수기계보유방식(OWMM)은 제품별 배치의 단점을 보
완하기 위한 방법이고 집단가공법(GT)은 공정별 배치의
단점을 보완하기 위한 방법이다.

생산능력의 활용정도가 높아지면 초과생산능력 또는 여
유생산능력은 작아진다.

수요예측의 대상이 되는 수요는 고객들이 직접 요구하는 제품의 수요인 독립수요이다. 독립수요는 소비자의 욕구와 관련된 수요이고 종속수요는 독립수요로부터 파생되는 수요이다.

지수평활법은 지난 기에 구한 예측값, 이번 기의 실제 수요값, 평활상수의 3개의 자료만으로 수요예측이 가능한 방법이다.

평활상수는 0과 1 사이의 값을 가지며, 값이 클수록 최근의 수요를 강조하고 이에 따라서 실제 수요의 평균값 변화에 보다 민감하게 반응하며 값이 작아지면 그 반대가 된다.

누적예측오차(cumulative sum of forecasting error, CFE)는 예측오차의 합계를 의미하며, 그 값이 양(+)의 값을 가지는 것은 수요예측기법의 과소예측을 의미하고 그 값이 음(-)의 값을 가지는 것은 수요예측기법의 과대예측을 의미한다.

기준생산계획(master production schedule, MPS)에서 수립된 생산량의 총합은 총괄생산계획에서 수립된 생산량의 총합과 일치하여야 한다.

서비스업의 일정 계획에서 고객수요의 일정을 조정하는 방법 중 약정은 소비자가 소비할 서비스의 양과 시점을 미리 결정하는 것이고 예약은 소비자가 서비스시설의 점유를 미리 결정하는 것이다.

자재소요계획은 종속수요의 개념에 착안한 생산계획으로 기준생산계획, 자재명세서, 재고기록 등의 기본요소로 구성되어 있으며, '자재소요계획(MRP) → 제조자원계획(MRP Ⅱ) → 전사적 자원관리(ERP)'의 순으로 발전되어 왔다.

생산준비비용이나 주문비용을 줄이기 위해 보유하는 것은 주기재고이다.

경제적 주문량모형(EOQ)은 재고가 일시에 보충되는 반면, 경제적 생산량모형(EPQ)은 재고가 점진적으로 보충된다.

경제적 주문량모형(EOQ)은 재고유지비용과 주문비용이 재고 관련 비용이 되고, 경제적 생산량모형(EPQ)은 재고유지비용과 작업준비비용이 재고 관련 비용이 된다.

주기조사(P)시스템의 안전재고수준이 연속조사(Q)시스템보다 더 높고, 투빈시스템(two-bin system)은 연속조사(Q)시스템을 응용한 가시적(visible) 시스템이다.

종합적 품질경영(TQM)에서의 품질은 고객(내부 고객과 외부 고객)에 의하여 정의되고, 결과보다는 과정을 중시한다.

정규분포를 가정하는 변량관리도는 프로세스의 변동성을 관리하기 위한 R - 관리도와 평균을 관리하는 $\bar{X}$ - 관리도가 있다.

식스 시그마 전문가의 직책은 높은 직책부터 '챔피온(champion) → 마스터 블랙 벨트(master black belt) → 블랙 벨트(black belt) → 그린 벨트(green belt) → 화이트 벨트(white belt)' 순이다.

품질프로그램의 문서화에 대한 표준을 의미하는 ISO 9000의 인증이 제품의 실제 품질에 대해서는 아무런 시사점이 없으나, 그 기업이 자신이 주장하는 품질에 대해 입증할 자료를 제시할 수 있다는 측면에서 객관성 확보의 측면이 강하다고 할 수 있다.

효율적 공급사슬의 경쟁우선순위에는 저원가 생산, 품질 균일성, 납기 준수 등이 있고, 반응적 공급사슬의 경쟁우선순위로는 개발속도, 신속한 납기, 고객화, 수량 유연성, 고성능 설계품질 등이 있다.

채찍효과(bullwhip effect)는 공급사슬 하류(소비자, 전방)의 소규모 수요변동이 공급사슬 상류(공급업체, 후방)로 갈수록 그 변동 폭이 점점 증가해가는 모습을 묘사적으로 명명한 것으로, 수요왜곡의 정도가 증폭되어가는 현상을 의미한다.

채찍효과가 발생하는 원인에는 중복수요예측, 일괄주문처리, 가격변동, 결품예방경쟁 등이 있으며, 해결방법으로는 불확실성의 제거, 변동 폭의 감소, 전략적 파트너십, 리드타임 단축 등이 있다.

공급사슬운영참고(SCOR)모형은 공급사슬운영을 계획, 조달, 생산, 배송, 반품(회수)의 다섯 가지 범주로 분리하였다.

공급자 재고관리(vendor-managed inventory, VMI)는 생산자의 재고가 공급자에 의해서 관리되는 방식으로 공급업체의 직원이 생산업체에 상주하면서 생산업체의 재고를 관리하는 것을 의미하며, 이를 통해 채찍효과를 완화시킬 수 있다.

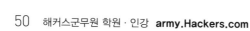

확률적 표본추출방법에는 무작위표본추출, 층화표본추출, 군집표본추출 등의 방법이 있고, 비확률적 표본추출방법에는 편의표본추출, 판단표본추출, 할당표본추출 등의 방법이 있다.

비확률적 표본추출방법 중 가장 정교한 방법은 할당표본추출방법이다.

일반적으로 1차 자료는 2차 자료에 비해 획득비용이 비싸지만 정보의 질이 우수하며, 이러한 1차 자료의 수집에 앞서 2차 자료를 먼저 수집하고 검토한다.

1차 자료의 수집방법 중 우편조사법, 전화면접법, 대인면접법은 구조적인 방법에 해당하며, 표적집단면접법은 비구조적인 방법에 해당한다.

표적집단면접법(focus group interview, FGI)은 조사대상들의 자연스러운 대화과정에서 조사목적과 관련된 유용한 정보를 얻거나 설문조사에서 기대하지 못한 결과를 발견하는 것을 목적으로 하기 때문에 설문조사의 사전조사로 활용되기도 하며, 설문조사로 파악할 수 없는 소비자들의 의견을 파악할 수 있기 때문에 신제품 개발 등의 조사에 활용된다.

시장세분화에서 세분화된 시장 내에서는 최대한 동질적이어야 하고, 세분화된 시장 간에는 최대한 이질적이어야 한다.

무수요는 잠재적 시장의 중요부분이 특정 재화나 서비스에 대하여 지식이나 관심이 전혀 없는 상태를 의미하고 자극마케팅과 관련되어 있으며, 잠재적 수요는 명확한 소비자의 욕구는 존재하나 이를 충족할 만한 재화나 서비스가 존재하지 않는 경우를 의미하고 개발마케팅과 관련되어 있다.

탄력가격전략 또는 가격차별은 다수의 시장을 대상으로 하는 경우에 세분화된 시장별로 수요의 가격탄력도가 상이하여 시장에 따라 상이한 가격을 설정하는 가격전략으로 특정 소비자나 시기 등에 따라 할인 또는 할증을 적용하는 가격전략이며, 차익거래(재정거래)가 불가능한 경우에 적절한 가격전략이다.

종속(포획)제품 가격전략은 주제품의 판매보다 주제품과 관련된 종속제품의 판매가 주된 목적인 제품의 가격전략을 의미하는데, 주제품은 상대적으로 저렴한 가격으로 판매하는 대신 종속제품의 가격을 높게 책정하여 주제품의 손실을 보전하게 된다.

묶음제품 가격전략은 기업이 둘 또는 그 이상의 재화나 서비스를 결합하여 할인된 가격으로 판매하는 전략을 말하는데, 제품의 개별 구매 가능 여부에 따라 개별 구매가 가능한 혼합묶음과 개별 구매가 불가능한 순수묶음으로 구분할 수 있다.

관습가격제품은 가격 자체는 유지한 상태에서 수량 또는 품질을 조정하여 가격 상승의 효과를 노리게 된다.
= 일반적으로 관습가격제품은 간접적으로 가격 상승의 효과를 노리게 된다.

준거가격(참고가격)이란 소비자들이 제품가격의 높고 낮음을 평가할 때 비교기준으로 사용하는 가격을 의미하고, 관습가격이 준거가격으로 사용되는 경우가 많다.

준거가격(참고가격)은 유보가격과 최저수용가격 사이에 존재한다.

유통의 기능 중 거래기능은 소유권의 이전과 관계되는 기능을 말하며, 판매기능과 구매기능으로 구분할 수 있다.

유통의 기능 중 물적 유통기능은 재고 이전과 관계되는 기능을 의미하며, 시간적 효용을 제공하는 보관기능과 장소적 효용을 제공하는 운송기능이 있다.

유통의 기능 중 조성기능은 거래 및 물적 유통기능이 원활하게 이루어지도록 보조하는 모든 기능을 의미하며, 위험부담기능, 금융기능, 표준화기능, 정보제공기능, 구색확보기능 등이 있다.

유통경로전략은 개방적(집약적, 집중적) 유통경로전략, 선택적 유통경로전략, 전속적(배타적) 유통경로전략이 있으며, 저관여 제품일수록 개방적 유통경로전략이, 고관여 제품일수록 전속적 유통경로전략이 많이 활용된다.

수직적 마케팅시스템(vertical marketing system, VMS)은 유통기관의 소유와 계약형태에 따라 기업형 VMS, 계약형 VMS, 관리형 VMS로 구분할 수 있는데, 기업형 VMS로 갈수록 통제력이 높아지고 관리형 VMS로 갈수록 유연성이 높아진다.

정보를 획득하는 정보원천에는 개인적 원천, 상업적 원천, 공공적 원천, 경험적 원천 등이 있다. 개인적 원천에는 가족, 친구, 이웃, 친지들이 있고, 상업적 원천에는 광고, 판촉사원, 중간상, 포장, 진열 등이 있으며, 공공적 원천에는 신문기사나 방송의 뉴스가 있고, 경험적 원천에는 시용구매, 제품의 직접사용 등이 있다.

촉진대상 제품의 유형이 소비재에 가까울수록 광고의 중요성이 더 커지고, 산업재에 가까울수록 인적 판매의 중요성이 더 커지게 된다.

제조업자가 최종소비자에게 직접 촉진활동을 하지 않고 유통업자를 통해 촉진하는 푸시전략(push)은 주로 유통업자의 힘이 강하고 제조업자의 브랜드 인지도가 낮은 경우에 사용하게 되며, 인적판매나 중간상 판매촉진이 적합한 촉진수단이 될 수 있다.

제조업자가 최종소비자에게 촉진활동을 함으로써 소비자가 자사제품을 찾도록 하는 풀전략(pull)은 브랜드 인지도가 높은 기업이 주로 사용하며, 광고가 주요한 촉진수단이 될 것이다.

역광고는 소비자가 자신의 요구를 네트워크에 입력하면 거꾸로 재화나 서비스 공급자가 이를 확인하고 소비자에게 접촉하는 광고를 의미하는데, 인터넷의 발달로 가능해진 광고의 형태이다.

비교소구, 입증소구, 증언소구 등은 이성적 소구에 해당하고, 유머소구, 공포소구, 성적소구, 온정소구, 향수소구는 감성적 소구에 해당한다.

일반적으로 고관여 제품에는 이성적 소구가 적합하고 저관여 제품에는 감성적 소구가 적합하다.

일반적으로 고관여 제품의 경우에는 신뢰성이 높은 전문가를 광고모델로 기용하여 내면화를 유도할 수 있고, 저관여 제품의 경우에는 매력도가 높은 유명인이나 일반인을 광고모델로 기용하여 동일화를 유도할 수 있다.

GRP(gross rating points)는 동일한 광고물을 동일한 매체에 방영하는 경우에 일정기간 동안 매체운용을 통하여 얻어진 각각의 시청률을 모두 합친 수치를 의미하고, 시청률(도달범위)과 노출빈도의 곱으로 계산한다.

CPM(cost per thousand persons reached = cost per mill)은 청중 1,000명에게 광고를 도달시키는 데에 드는 광고비용을 의미한다.

PR(public relations)은 홍보(publicity)보다 포괄적이다.

PR(public relations)은 해당 기업이 메시지 전달시점이나 내용을 통제하기가 쉽지 않으며, 불리한 내용이 소비자에게 알려질 경우에는 수습하기가 매우 곤란하다.

인적 판매는 촉진이 구매로 연결될 가능성이 상당히 높기 때문에 시간과 비용의 낭비가 적지만, 판매원을 매개로 하여 촉진활동이 수행되기 때문에 비용이 매우 고가이다.

촉진은 ATL(above the line) 촉진과 BTL(below the line) 촉진으로 구분할 수 있다. ATL 촉진은 TV, 영화, 라디오, 인쇄매체 등과 같은 대중매체를 이용한 촉진이고, BTL 촉진은 직접우편, 판매촉진, 구매시점 광고, 텔레마케팅 등 대중매체보다 세분화된 커뮤니케이션을 이용한 촉진이다. 최근의 추세는 ATL 촉진보다 BTL 촉진의 중요성이 빠른 속도로 증가하고 있다.

고객관계관리(관계마케팅, CRM)의 주된 목적은 고객에 대한 상세한 지식을 토대로 고객들과의 장기적 관계를 구축하고 충성도를 제고시킴으로써 고객의 생애가치를 극대화하는 것이다.

고객관계관리의 관점에서 고객과의 관계는 '용의자(suspect) → 잠재고객(prospect) → 사용자(user) → 고객(customer) → 옹호자(advocate)'의 순으로 발전된다.

교차판매전략은 기업이 여러 가지 제품을 생산하는 경우 한 제품의 고객 데이터베이스를 이용하여 다른 제품의 판매를 촉진하고자 하는 전략이다.

엠부시 마케팅(ambush marketing)은 매복 또는 잠복 마케팅이라고도 하는데, 월드컵이나 올림픽 등의 공식후원사가 아닌 기업들이 그 로고를 정식으로 사용하지 않고 비슷한 언어적 유희 등을 교묘히 활용하여 수행되는 마케팅이다.

바이럴 마케팅(viral marketing)은 온라인을 통한 마케팅이고, 버즈 마케팅(buzz marketing)은 오프라인을 통한 마케팅이다.

뉴로 마케팅(neuro marketing)은 소비자의 무의식에서 나오는 감정과 구매행위를 뇌과학을 통해 분석해 마케팅에 적용하는 기법으로 디자인, 광고 등이 소비자의 잠재의식에 미치는 영향을 측정하는 마케팅기법이다.

캐즘 마케팅(chasm marketing)은 첨단기술제품이 선보이는 초기시장에서 주류시장으로 넘어가는 과도기에 일시적으로 수요가 정체되거나 후퇴하는 단절현상을 가리켜 캐즘(chasm)이라고 하는데 이를 다루는 것이다.

넛지 마케팅(nudge marketing)은 사람들을 원하는 방향으로 유도하되 선택의 자유는 여전히 개인에게 주는 마케팅이다.

코즈 마케팅(cause marketing)은 기업이 환경·보건·빈곤 등과 같은 사회적인 이슈, 즉 '대의명분(cause)'을 기업의 이익 추구를 위해 활용하는 것으로 가장 기본적인 유형은 소비자들의 소비를 통해 기부활동을 하는 것이다.

딥 러닝(deep learning)이란 컴퓨터가 여러 데이터를 이용해 마치 사람처럼 스스로 학습할 수 있도록 인공 신경망을 기반으로 한 기계학습 기술을 의미한다.

빅 데이터 분석 또는 데이터마이닝(data-mining)은 데이터의 방대함, 높은 처리 복잡도, 개방형 소프트웨어, 비정형 데이터 중심, 분산처리 등을 특징으로 한다.

유동성 선호가 존재하므로 화폐의 시간가치가 중요하다.

미래의 일정금액을 현재시점에서의 가치로 환산하는 것을 할인(discount)이라고 한다.

영구현금의 현재가치는 '$\dfrac{연금액}{할인율}$'으로 계산하고, 연금액이 일정률의 성장률을 보이면 '$\dfrac{연금액}{할인율 - 성장률}$'으로 계산한다.

약형 효율적 시장가설, 준강형 효율적 시장가설, 강형 효율적 시장가설 중에 가장 효율적인 시장은 강형 효율적 시장이고, 가장 비효율적인 시장은 약형 효율적 시장이다.

직접금융을 통한 자본조달에는 보통주, 우선주, 회사채, 기업어음 등의 발행이 해당하고, 간접금융을 통한 자본조달에는 은행차입, 매입채무, 기업어음 할인 등이 해당한다.

현금흐름의 변동위험이 커질수록 자본비용은 높아진다.

타인자본비용이 자기자본비용보다 낮다.

모딜리아니(F. Modigliani)와 밀러(M. H. Miller)가 주장한 MM이론이란 세금이 없는 완전자본시장을 가정할 경우 기업가치는 자본구조와 무관하다는 이론이다.

MM수정이론이란 법인세가 존재하면 부채를 사용할수록 이자비용이 발생하여 법인세절감효과가 나타나기 때문에 가중평균자본비용이 감소하게 되어 기업가치가 증가하게 된다는 이론이다. 즉, 부채를 100% 사용할 때 기업가치가 극대화된다는 이론이다.

마이어스(C. Myers)의 자본조달순서이론(pecking order theory)에 따르면 경영자가 일반투자자들보다 정보의 우위에 있다는 정보의 비대칭을 전제로 기업은 각 자본조달원천을 이용하는 일정한 우선순위를 가지며, '내부유보자금 → 부채발행 → 신주발행'의 순서로 이루어짐을 주장하였다.

자본예산에서 현금흐름을 추정할 때, 이자비용의 법인세 절감효과는 할인율에 반영되므로 현금유입으로 처리하지 않지만, 감가상각비의 법인세절감효과는 현금유입으로 반영한다.

영업현금흐름은 영업활동으로부터 얻게 될 현금흐름을 의미하며, '세후영업이익과 감가상각비의 합'으로 추정한다.

순현재가치법은 가치가산의 원리가 성립한다.

두 투자 안의 순현재가치(NPV)를 일치시켜 주는 할인율을 피셔(Fisher)의 수익률이라고 한다.

독립적인 투자 안을 평가하는 경우에 순현재가치법과 내부수익률법의 의사결정결과는 일치하지만, 상호배타적인 투자 안을 평가하는 경우에는 순현재가치법과 내부수익률법의 의사결정결과는 일치하지 않을 수 있다.

내부수익률은 순현재가치가 0이 되게 하는 수익률을 의미하고, 내부수익률법은 투자의 결과 발생하는 현금유입이 투자안의 내부수익률로 재투자될 수 있다고 가정한다.

내부수익률이 적정한 할인율보다 크다면 순현재가치가 0보다 크다는 것을 의미하기 때문에 해당 투자 안을 채택하면 기업의 가치가 증가하게 된다.

수익성 지수는 투자로부터 발생하는 현금흐름의 현재가치를 투하자본으로 나눈 값(= $\dfrac{\text{현금유입액의 현재가치}}{\text{현금유출액의 현재가치}}$)이다.

회계적 이익률(연평균이익률)은 '$\dfrac{\text{연평균순이익}}{\text{연평균투자액}}$'이다.

손익분기점은 고정비를 단위당 공헌이익(= 가격 - 단위당 변동비)으로 나눈 값이고, 손익분기매출액은 총고정비를 단위당 공헌이익률(= $\dfrac{\text{단위당 공헌이익}}{\text{단위당 판매가격}}$)로 나눈 값이다.

위험은 분산 또는 표준편차로 측정한다.

위험은 분산투자로 인해 제거되지 않은 위험인 체계적 위험(분산불가능위험, 시장위험, 베타위험)과 분산투자를 통해서 제거가 가능한 위험인 비체계적 위험(분산가능위험, 기업고유의 위험)이 있다.

상관계수가 +1인 경우에 포트폴리오의 위험은 그 표준편차와 완전한 양(+)의 선형관계를 가지기 때문에 위험감소효과가 없고, 상관계수가 -1인 경우에 위험감소효과가 최대이다.

포트폴리오의 기대수익률은 투자비율만 일정하면 상관계수와 관계없이 일정하다.

포트폴리오를 구성하는 주식 수가 증가할수록 위험은 감소한다.

자본시장선(CML)상에 있는 주식은 효율적이고 그 아래는 비효율적이다.

주식이 증권시장선(SML) 위에 있으면 과소평가된 주식이고, 증권시장선 아래에 있으면 과대평가된 주식이다.

증권시장선(SML)을 이용하여 특정 주식의 균형기대수익률은 '무위험이자율 + (시장포트폴리오의 기대수익률 - 무위험이자율) × 특정주식의 베타(β)'로 구한다.

베타(β)는 시장포트폴리오의 위험, 즉 시장 전체의 위험을 1로 보았을 때 개별 주식이 가지는 체계적 위험의 크기 또는 시장수익률의 변동에 대한 개별 주식수익률의 민감도를 의미하고, 베타(β)가 1보다 크면 공격적 자산이고 베타(β)가 1보다 작으면 방어적 자산이다.

베타(β)는 음(-)의 값을 가질 수 있으며, 음(-)의 값을 가진다는 것은 베타가 상승할수록 수익률이 하락하는 경우를 의미하는데 대표적인 경우가 보험자산의 경우이다.

시장포트폴리오의 베타(β)는 1이다.

주가수익비율(PER)은 '$\dfrac{주가}{주당순이익}$'로 계산한다.

콜옵션(call option)은 특정 자산을 살 수 있는 권리이고, 풋옵션(put option)은 특정 자산을 팔 수 있는 권리이다.

유럽형 옵션은 계약된 만기일이 되어야만 행사할 수 있는 옵션이고, 미국형 옵션은 만기일 이전에 언제든지 권리를 행사할 수 있는 옵션이다.

스왑(swap)은 계약조건 등에 따라 일정 시점에 자금 교환을 통해서 이루어지는 금융기법이다.

선물거래(futures trading)와 선도거래(forward transaction)는 동일한 거래방식을 가지고 있는데, 선물거래는 거래소 내에서 거래할 수 있는 반면 선도거래는 거래소 밖에서 이루어진다는 차이가 있다.

기업의 외부 정보이용자에게 정보를 제공하는 것을 목적으로 하는 회계학은 재무회계이고, 기업의 내부 정보이용자에게 정보를 제공하는 것을 목적으로 하는 회계학은 관리회계이다.

회계는 '거래의 인식 → 거래분개 → 원장전기 → 수정전 시산표 작성 → 결산정리사항(수정분개) → 수정후시산표(정산표) 작성 → 재무제표 작성'의 순서로 순환한다.

기업의 재무상태는 '자산 = 부채 + 자본'으로 표현한다.

회계상 거래는 기업의 경영활동에서 자산, 부채, 자본, 수익, 비용의 증감·변화를 일으키는 것을 의미하고, 화폐금액으로 신뢰성 있게 측정 가능하여야 한다.

재무제표는 재무상태표, 포괄손익계산서, 현금흐름표, 자본변동표로 구성되며, 주석도 재무제표의 범위에 포함된다.

재무상태표는 일정 시점 현재 기업 실체가 보유하고 있는 자산과 부채 및 자본에 대한 정보를 제공하는 재무제표이다.

포괄손익계산서는 일정 기간 동안 기업 실체의 경영성과에 대한 정보를 제공하는 재무제표이고, 수익과 비용으로 구성된다.

현금흐름표는 일정 기간 동안 기업 실체의 현금유입과 현금유출에 대한 정보를 제공하는 재무제표이고, 현금흐름은 영업활동, 투자활동, 재무활동으로 인하여 발생한다.

자본변동표는 일정 시점 현재 기업 실체의 자본크기와 일정 기간 동안 기업 실체의 자본변동에 대한 정보를 제공하는 재무제표이다.

회계감사의견에는 적정의견, 한정의견, 부적정의견, 의견거절이 있다.

자본적 지출은 자산의 용역잠재력을 현저히 증가시키는 지출(원가배분)을 의미하고, 수익적 지출은 용역잠재력을 증가시키지 못한 경우로서 단지 당기의 회계기간에 대하여만 효익을 주는 지출(비용처리)을 의미한다.

감가상각방법에는 정액법, 정률법, 이중체감법, 생산량비례법, 연수합계법이 있으며, 내용연수 초기에 감가상각을 많이 인식하는 방법(가속 감가상각방법)은 정률법, 이중체감법, 연수합계법 등이 있다.

감가상각방법 중 정률법과 이중체감법은 장부금액을 기준으로 상각하고, 정액법, 연수합계법, 생산량비례법은 감가상각대상금액을 기준으로 상각한다.

재고자산의 취득원가는 매입원가, 전환원가 및 재고자산을 현재의 장소에 현재의 상태로 이르게 하는 데에 발생한 모든 원가, 즉 재고자산을 취득하기 위하여 지출한 금액으로 기록한다.

기초원가는 '직접재료원가 + 직접노무원가'이고, 전환(가공)원가는 '직접노무원가 + 제조간접원가'이다.

제1회~제5회 실전모의고사
군무원 공개경쟁채용 필기시험

제1과목	경영학	제2과목	
제3과목		제4과목	

응시번호		성 명	

〈응시자 준수사항〉

1. 답안지의 모든 기재 및 표기사항은 반드시 『컴퓨터용 흑색사인펜』으로만 작성하여야 합니다. (사인펜에 "컴퓨터용"으로 표시되어 있음) (사인펜 본인 지참)
   * 매년 지정된 펜을 사용하지 않아 답안지가 무효처리 되는 상황이 빈발하고 있으므로, 답안지는 반드시 『컴퓨터용 흑색사인펜』으로만 표기하시기 바랍니다.

2. 답안은 매 문항마다 반드시 하나의 답만 골라 그 숫자에 "●"로 표기해야 하며, 표기한 내용은 수정테이프를 이용하여 정정할 수 있습니다. 단, 시험시행본부에서 수정테이프를 제공하지 않습니다.
   (표기한 부분을 긁는 경우 오답처리 될 수 있으며, 수정스티커 또는 수정액은 사용 불가)
   * 답안지는 훼손·오염되거나 구겨지지 않도록 주의해야 하며, 특히 답안지 상단의 타이밍마크(❙ ❙ ❙ ❙ ❙)를 절대로 훼손해서는 안 됩니다.

3. 각 시험지 마지막 장의 QR코드를 이용하여 해커스공무원의 '모바일 자동 채점 + 성적 분석 서비스'에 접속하시기 바랍니다. (해커스공무원 사이트의 가입자에 한해 이용 가능함)
   * QR코드는 해설집에서도 확인 가능합니다.

▥ 해커스군무원

응시번호 :   성명 :

1. 재화(goods)와 서비스(service)를 비교한 다음 설명 중 가장 옳은 것은?

   ① 재화는 비분리성의 특징을 가지고, 서비스는 분리성의 특징을 가진다.
   ② 재화는 소멸성의 특징을 가지고, 서비스는 지속성의 특징을 가진다.
   ③ 재화는 노동집약적이고, 서비스는 자본집약적이다.
   ④ 재화의 품질측정은 객관적이고, 서비스의 품질측정은 주관적이다.

2. 호손연구(Hawthorne studies)에 관한 다음 설명 중 가장 옳지 않은 것은?

   ① 작업장에는 공식적 조직과 별도로 자생적인 비공식 조직이 존재하며, 거기에서 구성원의 행동이나 생산량을 규제하는 집단규범이 강하게 작용하고 있음을 파악하였다.
   ② 호손연구는 경영관리에 있어 인간관계를 중시하는 인간관계론의 급속한 발전을 촉구하는 계기가 되었다.
   ③ 새로운 인간관계의 측면에 초점을 두어 과학적인 실험을 통해 경제적 조건뿐만 아니라 심리적 조건이나 사회적 조건에 의해 영향을 받는 다면적인 인간행동을 파악하였다.
   ④ 인간을 기계시하고 오직 능률향상만을 위주로 한 테일러(Taylor)의 과학적 관리에 대한 반성으로 연구가 설계되었다.

3. 경영혁신기법에 대한 다음 설명 중 가장 옳은 것은?

   ① SECI모형에서 사회화는 한 사람의 암묵지가 다른 사람의 형식지로 변환되는 과정이다.
   ② 포화상태의 치열한 경쟁이 펼쳐지는 기존의 시장에서 새로운 아이디어나 기술 등을 적용함으로써 자신만의 새로운 시장을 만드는 것을 퍼플오션전략이라고 한다.
   ③ 벤치마킹(benchmarking)은 학습조직이 확대된 개념이다.
   ④ 조직이 쇠퇴하면서 규모가 작아지는 것도 다운사이징(downsizing)의 범위에 해당한다.

4. 마이클 포터(M. Porter)에 대한 다음 설명 중 가장 옳은 것은?

   ① 산업 내에 보완재가 존재하면 산업의 수익률은 하락하게 된다.
   ② 본원적 전략은 기업수준의 전략에 해당한다.
   ③ 산업을 구성하는 경쟁 중 공급자의 교섭력과 구매자의 교섭력이 수직적 경쟁에 해당한다.
   ④ 부활동(supportive activities)은 기업이 투입물을 산출물로 변환시키면서 직접 가치를 증가시키는 활동을 의미한다.

5. 사업포트폴리오 분석(business portfolio analysis)에 대한 다음 설명 중 가장 옳은 것은?

   ① GE 매트릭스는 산업(시장)의 매력도와 사업부(SBU)의 강점이라는 두 가지 차원으로 구성된다.
   ② GE 매트릭스에서 원(circle)의 크기는 해당 사업단위의 매출액을 의미한다.
   ③ BCG 매트릭스에서 자금흐름(cash flow)은 별(star)에서 가장 긍정적이다.
   ④ BCG 매트릭스는 자금흐름보다는 투자수익률(ROI)을 더 중시한다.

6. 태도와 학습에 대한 설명으로 가장 옳지 않은 것은?

① 태도는 인지적 요소, 감정적 요소, 행동적 요소로 구성된다.
② 단속적 강화 유형 중 강화의 효과가 가장 높은 방법은 변동 비율법이다.
③ 레빈(Lewin)은 태도의 변화과정을 해빙, 변화, 재동결의 과정을 거쳐 이루어진다고 했으며, 이러한 태도 변화는 개인수준뿐만 아니라 집단, 조직 수준에서도 같은 방법으로 나타나게 된다.
④ 조직 내 신뢰관계가 구축되어 있을 경우에 조직구성원을 감독하는 데 소요되는 비용이 증가된다.

7. 성격(personality)에 대한 다음 설명 중 가장 옳지 않은 것은?

① 성격의 결정요인으로는 유전적 요인, 상황적 요인, 문화적 요인, 사회적 요인 등이 있다.
② 긍정심리자본은 이타주의, 예의, 성실성, 시민의식, 스포츠맨십의 5가지 구성요소를 가진다.
③ A형의 경우는 업무수행측면에서 유리하고, B형의 경우는 인간관계측면에서 상대적으로 유리하다.
④ 마키아벨리즘(Machiavellism)은 권력을 확보하기 위해서 온갖 조작적 수단을 동원하는 권력지향적인 성격을 말한다.

8. 동기부여이론 중 내용이론에 대한 옳은 설명끼리 짝지어진 것은?

ㄱ. 매슬로우(Maslow)의 욕구단계이론에서 4번째 단계에 해당하는 욕구는 소속욕구이다.
ㄴ. 허쯔버그(Herzberg)의 2요인이론에서 위생요인은 불만족을 감소시키지만, 만족을 증가시키지는 않는다.
ㄷ. 맥클리랜드(McClelland)는 친교욕구, 권력욕구, 성취욕구 중 성취욕구를 가장 강조하였다.
ㄹ. 브룸(Vroom)은 동기부여의 강도를 기대, 수단성, 유의성의 곱으로 설명하였다.

① ㄱ, ㄴ
② ㄱ, ㄷ
③ ㄴ, ㄷ
④ ㄴ, ㄹ

9. 직무관리에 대한 다음 설명 중 옳은 것은 모두 몇 개인가?

ㄱ. 직무기술서(job description)는 하나의 직무를 수행하기 위하여 필요한 최소한의 인적자원에 대한 설명이다.
ㄴ. 직무명세서(job specification)는 직무특성 분석에 의한 과업요건에 중점을 맞추어 기록된다.
ㄷ. 직무특성이론에 의하면 모든 종업원들의 직무를 확대하거나 충실화해야 한다.
ㄹ. 직무분석은 직무평가의 연장이다.

① 0개
② 1개
③ 2개
④ 3개

10. 선발도구의 평가에 대한 다음 설명 중 가장 옳은 것은?

① 타당도가 높으면 신뢰도가 높지만, 신뢰도가 높다고 해서 타당도가 높은 것은 아니다.
② 어떤 선발도구로 한 사람을 반복하여 측정하였을 때 결과가 항상 일정하다면 그 선발도구는 타당도가 높은 것이다.
③ 동일한 유형의 난이도가 유사한 시험을 재실시하여 신뢰성을 검증하는 방법을 시험-재시험법이라고 한다.
④ 내용타당도는 해당 선발도구가 측정도구로서의 적격성을 갖고 있는지를 나타낸다.

11. 인사평가에 대한 다음 설명 중 가장 옳지 않은 것은?

① 인사평가의 구성요건 중 타당성은 평가결과의 공개, 다면평가, 평가자 교육 등을 통해서 증대시킬 수 있다.

② 인사평가시 발생하는 오류 중 투영효과와 지각적 방어는 평가자와 피평가자 모두에서 발생할 수 있다.

③ 인사평가의 구성요건들은 상호 배타적인 것이 아니고 상호 보완적인 측면이 강하다.

④ 인적자원들이 담당하고 있는 직무가 고도의 지식 및 기술을 요하는 직무가 많아지고, 조직구조가 점점 수평조직으로 변하고 있어 다면평가제도의 필요성이 증대되었다.

12. 보상관리에 대한 다음 설명 중 가장 옳지 않은 것은?

① 임금수준을 결정할 때에는 최저임금액, 경쟁기업의 임금수준, 종업원의 생계비, 손익분기점 등을 고려할 필요가 있다.

② 우리나라의 비법정 복리후생에는 국민건강보험, 산업재해보상보험, 고용보험, 국민연금 등이 포함된다.

③ 직능급을 적용할 경우 동일한 직무를 수행하더라도 임금액이 달라질 수 있다.

④ 오래 근무할수록 능력과 성과가 향상될 경우에는 연공급이 적합하며, 노력과 성과의 관계가 명확할 때에는 성과급이 적합하다.

13. PERT/CPM의 확률적 모형에서 각 활동시간이 베타분포를 따른다고 가정하고, 활동 A의 낙관적 시간이 4일, 비관적 시간이 14일, 최빈시간이 6일이라고 추정될 경우에 활동 A의 활동시간에 대한 기대치로 가장 옳은 것은?

① 5일
② 6일
③ 7일
④ 8일

14. 경쟁우선순위(competitive advantages)에 대한 다음 설명 중 가장 옳지 않은 것은?

① 고성능 설계는 무결점 제품을 생산하는 것을 의미하고, 일관된 품질은 제품이 설계된 사양에 일치하는 정도를 의미한다.

② 다양한 경쟁우선순위 중에서 어느 하나의 능력에 초점을 맞추어 기업의 관심과 자원을 집중시켜야 한다는 것은 상충모형에 해당한다.

③ 적시인도는 소비자와 약속한 납기에 제품을 인도하는 비율로 측정한다.

④ 원가를 추구하는 경우 총 리드타임은 주문리드타임과 일치한다.

15. 규격범위가 48이고 표준편차가 8일 경우에 시그마 수준으로 가장 옳은 것은?

① 2
② 3
③ 4
④ 5

16. 재고관리에 대한 다음 설명 중 가장 옳지 않은 것은?

① 경제적 주문량 모형에서 단위당 재고유지비용이 증가하면 경제적 주문량은 감소한다.

② 기업은 주문비용, 작업준비비용, 수송비용, 구입비용 등의 이유로 재고를 감축하려고 한다.

③ ABC 재고통제시스템에서 A그룹으로 갈수록 주문주기가 짧아진다.

④ 경제적 주문량 모형에서 조달기간은 일정하다고 가정한다.

17. 산업재 시장의 특징에 대한 다음 설명 중 가장 옳지 않은 것은?

① 산업재 구매자수요는 최종소비자 수요로부터 나온다.

② 산업재 시장에서의 수요는 소비재 시장보다 더 탄력적이다.

③ 산업재 고객은 소비재 고객보다 지역적으로 더 집중되어있다.

④ 산업재 시장에서의 수요는 소비재 시장보다 변화가 심하고, 더 빨리 변동한다.

18. 마케팅믹스 중 제품(product)에 대한 다음 설명 중 가장 옳은 것은?

① 제품은 구매욕구에 따라 기능적 제품, 쾌락적 제품, 상징적 제품으로 구분할 수 있다.

② 신제품 수용과정은 '인지, 관심, 시용구매, 평가, 수용'의 순서를 따른다.

③ 로저스(Rogers)에 따르면 제품의 수용속도가 가장 빠른 소비자층은 혁신수용층이고, 혁신수용층은 전체 소비자 중에 13.5%의 비중을 차지한다.

④ 제품범주 내에서 새로운 형태, 색상, 크기, 원료, 향 등의 신제품에 기존상표를 함께 사용하는 상표개발전략은 상표확장이다.

19. 수요상황별 마케팅전략 중 그 목적이 다른 하나는?

① 재마케팅

② 자극마케팅

③ 대항마케팅

④ 전환마케팅

20. 유통(place)에 대한 다음 설명 중 가장 옳은 것은?

① 상인도매상과 대리점은 제품에 대한 소유권을 가지고, 브로커는 제품에 대한 소유권을 가지지 않는다.

② 중간상은 제조업체와 소비자에게 시간효용, 장소효용, 소유효용을 제공한다.

③ 집중적 유통경로전략은 전문품의 경우에 많이 활용된다.

④ 도매상후원 자발적 연쇄점, 소매상 협동조합 등은 관리형 VMS에 해당한다.

21. 다음 설명 중 가장 옳은 것은?

① 미수금은 상거래에서 발생한 채권이다.

② 선수금은 상품, 원재료 등 재고자산의 구입을 위하여 먼저 지급한 계약금이다.

③ 미지급비용은 발생된 비용으로 아직 지급하지 아니한 비용이다.

④ 선급금은 상품 등을 판매하기로 하고 미리 수취한 금액이다.

22. ㈜경영이 ㈜행정에게 대여한 원금 200,000원과 이자수익 5,000원을 현금으로 수취한 경우에 재무제표 전체의 입장에서 ㈜경영에게 나타나는 거래요소는?

① 자산의 감소

② 자본의 감소

③ 비용의 발생

④ 수익의 발생

23. 투자안의 경제성 분석방법에 대한 다음 설명 중 옳은 것을 모두 고른 것은?

ㄱ. 할인회수기간법은 회수기간법의 단점을 보완하여 화폐의 시간가치를 고려하고 있으며, 회수기간법에 비해 회수기간이 더 길다.

ㄴ. 자본의 제약이 없다면, 순현재가치가 0보다 큰 투자안에 모두 투자해야 기업가치를 극대화할 수 있다.

ㄷ. 독립적인 투자안인 경우에 순현재가치법과 내부수익률법에 의한 투자의사결정은 일치하지 않을 수 있다.

① ㄱ

② ㄱ, ㄴ

③ ㄱ, ㄴ, ㄷ

④ ㄴ, ㄷ

24. 레버리지(leverage) 비율에 대한 설명으로 가장 옳은 것은?

① 영업레버리지는 기업의 영업비 중에서 변동영업비가 부담하는 정도를 말한다.

② 영업레버리지도는 매출량의 변동액에 대한 영업이익의 변동액의 비율로 측정한다.

③ 재무레버리지도가 크다는 것은 그 기업의 주당순이익이 많다거나 경영성과가 좋다는 의미이다.

④ 재무레버리지도는 부채의 사용정도에 따라 변할 수 있다.

25. ㈜경영의 당기말 주당이익은 2,000원이고 주가수익비율(PER)은 4이다. ㈜경영 주식의 적정주가로 가장 옳은 것은?

① 500원

② 2,000원

③ 4,000원

④ 8,000원

 모바일 자동 채점 + 성적 분석 서비스 바로 가기

QR코드를 이용해 모바일로 간편하게 채점하고 나의 실력이 어느 정도인지, 취약 부분이 어디인지 바로 파악해 보세요!

경 영 학
제2회 실전모의고사

응시번호 :   성명 :

1. 다음 설명 중 적절한 설명끼리 짝지어진 것으로 가장 옳은 것은?

> ㄱ. 테일러(Taylor)의 과학적 관리법은 고임금 저노무비의 원칙을 강조한다.
> ㄴ. 테일러(Taylor)는 경영의 과학화를 목적으로 하고, 페이욜(Fayol)은 노동의 과학화를 목적으로 한다.
> ㄷ. 베버(Weber)의 관료제는 규범의 명확화, 역량 및 전문성에 근거한 인사, 문서화 등의 특성을 가진다.
> ㄹ. 호손연구는 '조명실험 → 배전기 전선작업장 실험 → 면접연구 → 계전기 조립작업장 실험'의 순으로 진행되었다.

① ㄱ, ㄴ
② ㄱ, ㄷ
③ ㄴ, ㄷ
④ ㄴ, ㄹ

2. 기업의 사회적 책임에 대한 다음 설명 중 가장 옳지 않은 것은?

① 캐롤(Carroll)이 주장한 기업의 사회적 책임 중 첫 번째 책임은 경제적 책임이다.
② ESG 경영은 환경(environment), 사회(social), 정부(government)와 관련되어 있다.
③ 기업의 사회적 책임은 시대와 기업환경의 변화에 따라서 동태적으로 변화한다.
④ 기업의 사회적 책임을 이행함으로써 기업의 매출액도 높아지고 자금조달도 원활해질 수 있다.

3. 조직에 대한 다음 설명 중 가장 옳지 않은 것은?

① 유기적 조직은 기계적 조직에 비해 공식화 정도가 낮다.
② 행렬조직에서는 명령일원화의 원칙이 적용된다.
③ 네트워크 조직은 가상조직(virtual organization)이라고도 한다.
④ 사업부제(부문별) 조직은 각 사업영역이나 제품에 대한 책임이 명확하다.

4. 지식경영에 대한 다음 설명 중 가장 옳지 않은 것은?

① 지식경영을 성공적으로 수행하기 위해서는 조직문화, 조직전략, 프로세스, 정보기술과 같은 구성요소가 필요하다.
② 지식은 암묵지와 형식지 간의 상호변환과정을 통해서 창출된다.
③ 일반적으로 지식의 창출과 공유는 독립적으로 발생한다.
④ SECI 모형에서 사회화는 한 사람의 암묵지가 다른 사람의 암묵지로 변환되는 과정이다.

5. 카플란(Kaplan)이 제시한 균형성과표의 구성요소 중 학습과 성장 관점에서 해당하는 성과측정지표로 가장 옳지 않은 것은?

① 직원숙련도
② 시장점유율
③ 연구개발
④ 자발적 이직률

6. 개인수준에서의 행동에 대한 다음 설명 중 가장 옳지 않은 것은?

① 조직시민행동의 구성요소 중 성실성(양심), 시민의식, 스포츠맨십은 조직 내 다른 구성원을 지향하는 구성요소에 해당한다.

② 조직 내 신뢰관계가 구축되어 있을 경우에 조직구성원을 감독하는 데 소요되는 비용을 감소시킬 수 있다.

③ 허쯔버그(Herzberg)의 2요인이론에서 위생요인에는 임금, 안정된 직업, 작업조건, 지위, 경영방침, 관리, 대인관계 등이 있는데, 이들은 직무 외적인 요인들이다.

④ 데시(Deci)의 인지적 평가이론은 어떤 직무에 대하여 내재적 동기가 유발되어 있는 경우에 외재적 보상이 주어지면 내재적 동기가 감소된다는 이론이다.

7. 집단에 대한 다음 설명 중 가장 옳은 것은?

① 팀은 각 개인의 기여를 중시하지만, 집단은 구성원의 기여와 공동의 노력을 동시에 중시한다.

② 툭크만(Tuckman)은 집단발달단계가 '형성기 → 격동기 → 성과수행기 → 규범기 → 해체기'의 순으로 이루어진다고 하였다.

③ 다른 집단과의 경쟁이 존재하면 사회적 태만은 증가한다.

④ 집단 간 경쟁심을 조성하면 집단응집성은 높아지고, 집단구성원들 간의 경쟁심을 조성하면 집단응집성은 낮아진다.

8. 조직에 대한 다음 설명 중 가장 옳은 것은?

① 공식화는 과업의 분화정도에 관한 것으로 과업을 분할하고 통합시키는 정도를 의미한다.

② 집권화와 복잡성 사이에는 비례의 관계가 존재한다.

③ 민쯔버그(Mintzberg)에 의하면 일반지원부문이 강조되면 기계적 관료제의 조직형태를 보인다.

④ 해리슨(Harrison)은 공식화와 집권화의 2가지 차원에서 조직문화를 4가지 유형으로 구분하였다.

9. 다음 중 인력부족에 대한 대응전략으로 가장 옳지 않은 것은?

① 초과근무 확대

② 다른 직무의 수행이 가능하도록 교육훈련 제공

③ 훈련을 통한 능력개발

④ 적은 인원이 필요한 직무재설계

10. 인사평가방법에 대한 다음 설명 중 가장 옳지 않은 것은?

① 서열법은 피평가자를 최고부터 최저순위까지 상대서열을 결정하는 방법이다.

② 평정척도법은 평정요소의 선정과 각 평정요소별 가중치의 결정, 평정척도의 결정 등이 필요하다.

③ 대조표법은 해당항목에 피평가자가 해당하는 경우에 체크하는 방법이다.

④ 행위기준평가법은 개인의 성과목표와 행동기준을 제시하고 실제 달성정도를 파악하여 구성원 간의 상대적 서열로 평가한다.

11. 임금관리와 관련된 서술 중 가장 옳은 것은?

① 스캔론 플랜(Scanlon plan)은 성과표준을 초과달성한 부분에 대해 부가가치를 기준으로 상여배분을 실시하는 방법이다.

② 임금수준은 생계비와 기업의 지불능력 사이에서 사회일반이나 경쟁기업의 임금수준을 고려하여 결정한다.

③ 근속년수에 따라 숙련도가 향상되는 경우에는 직능급이 적합하다.

④ 성과급은 작업자의 노력과 생산량과의 관계가 명확하지 않을 경우에 적합하다.

12. 경력개발(career development)에 대한 다음 설명 중 가장 옳지 않은 것은?

① 개인이 조직에서 경험하는 직무들이 수평적 뿐만 아니라 수직적으로도 배열되어 있는 경력경로를 이중 경력경로(dual career path)라고 한다.

② 조직의 경력욕구는 기본적으로 미래의 특정 시점에 필요한 인적자원을 기업내부에서 확보하려는 데 있다.

③ 경력단계는 탐색단계, 확립단계, 유지단계, 쇠퇴단계의 순서로 진행된다.

④ 인생의 모든 영역에서 균형을 얻고자 하는 경력의 닻(career anchor)을 라이프스타일 닻이라고 한다.

13. 다음 중 공정별 배치의 단점으로 가장 옳지 않은 것은?

① 생산과정에서 발생하는 재공품의 동선이 복잡하다.

② 한 제품에서 다른 제품으로 전환하는 과정에서 손실되는 시간이 크다.

③ 제품디자인의 변경이 있는 경우에 그 변경이 쉽지 않아 유연성이 떨어진다.

④ 많은 종류의 재고가 필요하여 공간과 자본이 묶이게 된다.

14. 가빈(Gavin)의 품질측정에 대한 다음 설명 중 가장 옳은 것은?

① 성능은 제품이 가지는 기본적인 기능 외에 이를 보완해주기 위한 추가적인 기능을 의미한다.

② 신뢰성이 높은 제품일수록 무상보증기간은 짧아진다.

③ 내구성은 일반적으로 제품수명의 척도로서 제품이 성능을 제대로 발휘하는 수명의 길이로 측정된다.

④ 일치성은 제품이 명세서의 규격과 일치하는 정확도를 의미하고, 설계품질이라고도 한다.

15. P 시스템과 Q 시스템에 관한 다음 설명 중 가장 옳지 않은 것은?

① P 시스템은 Q 시스템에 비해 재고관리가 간편하다.

② Q 시스템은 P 시스템에 비해 일반적으로 재고조사 비용이 많이 소요된다.

③ Q 시스템이 P 시스템에 비해 더 낮은 안전재고 수준을 유지한다.

④ P 시스템의 주문간격은 Q 시스템의 주문간격보다 길다.

16. 자재소요계획(MRP)과 적시생산시스템(JIT)에 대한 다음 설명 중 가장 옳은 것은?

① 자재소요계획(MRP)은 완전한 품질을 강조하고, 적시생산시스템(JIT)은 약간의 불량을 허용한다.

② 적시생산시스템(JIT)은 가능한 한 큰 로트 크기로 재고를 유지한다.

③ 자재소요계획(MPR)은 전사적 자원관리, 제조자원계획의 순으로 발전되었다.

④ 자재소요계획(MRP)은 비반복적 생산에서 효과가 높고, 적시생산시스템(JIT)은 반복적 생산에 효과가 높다.

17. 관여도(involvement)에 대한 다음 설명 중 그 성격이 다른 하나는?

① 자신이 한 구매에 대해서 인정받고 싶어 한다.

② 메시지의 빈번한 반복이 설득을 유도할 수 있다.

③ 구매 후 부조화가 일반적이다.

④ 소비자는 불일치하는 정보에 저항하고 반박주장을 펼친다.

18. STP 전략에 대한 다음 설명 중 가장 옳은 것은?

① 경쟁자의 분석방법 중 표준산업분류, 기술적인 대체가능성 등을 이용하는 방법은 고객중심적인 방법에 해당한다.

② 경쟁의 범위는 제품범주, 제품형태, 본원적 효익, 예산으로 갈수록 넓어진다.

③ 시장세분화기준 중 사회계층, 라이프스타일, 개성 등은 구매행동적 기준에 해당한다.

④ 다차원척도법에서는 소비자로 하여금 제품을 총체적으로 비교하게 하고, 컨조인트 분석에서는 마케팅 관리자가 직접 관리할 수 있는 구체적인 속성을 비교하게 된다.

19. 마케팅믹스 중 제품(product)에 대한 다음 설명 중 가장 옳은 것은?

① 편의품, 선매품, 전문품 중 구매빈도가 가장 높은 것은 전문품이다.

② 제품은 소비목적에 따라 기능적 제품, 감각적 제품, 상징적 제품으로 구분할 수 있다.

③ 소비재는 자재와 부품, 자본재, 소모품으로 구분할 수 있다.

④ 강력한 브랜드는 소비자의 브랜드 충성도를 높이고 그 결과 소비자의 자사 브랜드에 대한 가격민감도를 낮게 한다.

20. 소매상은 점포소매상과 무점포 소매상으로 구분할 수 있다. 다음에서 제시된 점포소매상 중 특정 상품범주를 깊게 취급하고 그 상품들에 대해 할인점보다 더 낮은 가격으로 판매하는 업태에 해당하는 것으로 가장 옳은 것은?

① 백화점

② 슈퍼마켓

③ 회원제 창고점

④ 카테고리 킬러

21. 자본구조와 관련된 다음 설명 중 가장 옳지 않은 것은?

① 가중평균자본비용은 자본구조의 영향을 받는다.

② 기업이 타인자본을 조달하게 되면 가중평균자본비용이 높아져 기업의 가치를 증가시킬 수 있다.

③ MM 수정이론은 부채를 100% 사용할 때 기업가치가 극대화된다는 이론이다.

④ MM 이론은 세금이 없는 완전자본시장을 가정할 경우 기업가치는 자본구조와 무관하다는 이론이다.

22. 채권(bond)에 대한 설명으로 가장 옳지 않은 것은?

① 채무자인 발행자가 자금을 조달하기 위해 이자와 원금을 지급할 것을 채권자인 투자자에게 약속하기 위해 발행하는 증서이다.

② 액면이자율이 시장이자율보다 큰 경우에는 할인발행한다.

③ 시장이자율이 하락하면 채권가격은 상승하고, 시장이자율이 상승하면 채권가격은 하락한다.

④ 만기가 긴 채권일수록 동일한 이자율 변동에 따른 채권가격의 변동폭이 크다.

23. 단일기간을 가정할 때, 투자시점에 300원의 현금유출이 발생하고 1년 후에 현금유입이 발생하는 투자안 A의 수익성지수가 1.2이다. 자본비용이 10%일 때 투자안 A의 내부수익률로 가장 옳은 것은?

① 24%

② 28%

③ 32%

④ 36%

24. 재무제표에 대한 설명으로 가장 옳지 않은 것은?

① 숫자의 형태로만 표현하기 어려운 정보들을 서술형 정보를 포함하여 보충적으로 설명하는 것을 주석이라고 하는데, 이는 재무제표에 포함된다.

② 재무상태표, 포괄손익계산서, 현금흐름표, 자본변동표는 표와 숫자의 요약된 형태로 제공된다.

③ 수익은 주주와의 거래(자본거래)로 인한 자본의 증가가 포함된다.

④ 포괄손익계산서는 수익과 비용으로 구성되어 있다.

25. 자산에 대한 다음 서술 중 가장 옳지 않은 것은?

① 자산의 취득과 지출의 발생이 반드시 일치해야 한다.

② 물리적 형태가 존재하지 않아도 자산이 될 수 있다.

③ 미래의 경제적 효익이 있어야 자산이 될 수 있다.

④ 기능이 다른 자산은 상호 분리하여 보고하는 것이 바람직하다.

모바일 자동 채점 + 성적 분석 서비스 바로 가기
QR코드를 이용해 모바일로 간편하게 채점하고 나의 실력이 어느 정도인지, 취약 부분이 어디인지 바로 파악해 보세요!

경 영 학

제3회 실전모의고사

응시번호 :   성명 :

1. 경영환경에 대한 다음 설명 중 가장 옳은 것은?
   ① 미시적 환경은 기업이 속한 산업 밖에서 발생하여 기업활동에 영향을 미치는 요인이다.
   ② 조직은 지속적으로 환경에 직면하게 되는데, 환경이 복잡하고 불안정하게 됨에 따라 환경의 불확실성은 증가한다.
   ③ 환경불확실성의 원천 중 환경복잡성은 과업환경이나 일반환경이 얼마나 변화하는가에 대한 함수이다.
   ④ 외부환경 중 직접적으로 영향을 미치는 환경은 일반환경이고, 간접적으로 영향을 미치는 환경은 과업환경이다.

2. 상황적합이론에 대한 다음 설명 중 가장 옳지 않은 것은?
   ① 대표적인 상황변수에는 조직규모, 환경, 기술, 조직전략, 조직구조 등이 있다.
   ② 우드워드(Woodward)는 대량생산기술을 사용하는 기업은 기계적 조직이 적합하다는 사실을 발견하였다.
   ③ 톰슨(Thompson)이 제시한 상호의존성 중 그 강도가 가장 높은 것은 교호적(reciprocal) 상호의존성이다.
   ④ 로렌스(Lawrence)와 로쉬(Lorsch)는 분화를 많이 할수록 통합의 필요성이 높아진다고 주장하였다.

3. 기업집단화에 대한 다음 설명 중 가장 옳은 것은?
   ① 아웃사이더(outsider)가 많을수록 카르텔(cartel)은 효과적이다.
   ② 카르텔(cartel)과 콘체른(concern)은 수직적 결합을 통해 결합이 이루어진다.
   ③ 대표적인 독소증권에는 전환우선주, 상환우선주, 전환사채, 신주인수권부 사채 등이 있다.
   ④ 백기사(white knight)는 공격전략에 해당하고, 흑기사(black knight)는 방어전략에 해당한다.

4. 경영전략에 대한 다음 설명 중 가장 옳지 않은 것은?
   ① 전략은 규모, 기술, 환경 등과 함께 조직구조에 영향을 미치는 요소이다.
   ② 차별화전략은 소비자에게 자사의 제품을 경쟁제품보다 독특하게 하는 것이다.
   ③ 마일즈와 스노우(Miles & Snow)의 전략 유형에서 방어형(defenders)은 생산효율성보다 창의성과 유연성을 강조한다.
   ④ 경영전략은 의사결정의 수준에 따라 기업전략, 사업전략, 기능전략으로 구분할 수 있다.

5. 지각에 대한 다음 설명 중 가장 옳지 않은 것은?
   ① 지각정보처리 과정은 선택, 조직화, 해석의 3가지 과정으로 이루어진다.
   ② 켈리(Kelly)의 입방체 이론은 외적귀인을 일관성(consistency)이 낮고, 일치성(consensus)과 특이성(distinctiveness)이 높은 경우로 설명했다.
   ③ 인상형성이론에서 평균원리는 모든 지각정보가 동시에 들어오는 경우에만 적용이 가능하다.
   ④ 어떤 대상(개인)으로부터 얻은 일부 정보가 다른 부분의 여러 정보들을 해석할 때 영향을 미치는 것을 상동적 태도(stereotyping)라고 한다.

6. 허즈버그(Herzberg)의 2요인에 대한 설명으로 가장 옳지 않은 것은?

① 위생요인은 만족증가 여부에 영향을 미치며, 불만족해소 여부에는 영향을 미치지 못한다.

② 작업조건, 고용안정, 회사정책은 위생요인이다.

③ 종업원의 임금 인상은 만족요인으로 작용할 수 없다.

④ 구성원의 만족도를 높이기 위해서는 위생요인보다 동기요인을 사용해야 한다.

7. 의사결정에 대한 다음 설명 중 옳은 것은 모두 몇 개인가?

ㄱ. 라플라스 기준(Laplace criteria)은 각 상황에 대한 발생확률이 동일하다고 가정하는 의사결정기준이다.
ㄴ. 전략적 의사결정일수록 비정형적인 성격을 가지고, 업무적 의사결정일수록 정형적인 성격을 가진다.
ㄷ. 명목집단법은 델파이법에 비해 최종의사결정에 도달하는 데 걸리는 시간이 짧다.
ㄹ. 집단양극화가 발생하면 집단사고가 발생할 가능성이 감소한다.

① 1개
② 2개
③ 3개
④ 4개

8. 조직설계에 대한 다음 설명 중 가장 옳은 것은?

① 수평적 분화는 '라인부문의 형성 → 관리스탭부문의 형성 → 전문스탭부문의 형성'의 순서로 진행된다.

② 수직적 분화의 수준이 높을수록 통제의 범위는 증가한다.

③ 고전적 조직화의 원칙 중 계층제의 원칙은 명령일원화의 원칙, 감독범위의 원칙, 계층단축화의 원칙으로 구성되어 있다.

④ 위원회 조직은 특정 과업을 수행하는 것을 목적으로 하는 일시조직이고, 프로젝트팀 조직은 특정 과업을 수행하는 것을 목적으로 하는 상설조직이다.

9. 전략적 인적자원관리에 대한 다음 설명 중 가장 옳지 않은 것은?

① 인적자원관리가 경영전략의 목적을 반영해 경영전략과 잘 연계되고, 인적자원관리 방식 간에도 조화를 이루어 경영전략의 목적을 효율적으로 달성시키는 과정이다.

② 경영전략과 인적자원관리는 행정적 연결관계, 일방적 연결관계, 쌍방적 연결관계, 통합적 연결관계로 발전되어 왔다.

③ 전략적 인적자원관리는 인적자원관리가 조직의 전략과 외적 적합성을 확보할 때 조직의 경영성과가 높아진다고 가정하고 있다.

④ 인사부서의 역할은 울리히(Ulrich) 모형에 의하면 근로자의 대변인, 행정전문가, 변화담당자, 전략적 파트너의 순서로 변화되어 왔다.

10. 경영자의 교육훈련방법 중 동일한 능력을 배양하기 위한 방법끼리 짝지어진 것으로 가장 옳은 것은?

ㄱ. 역할연기법
ㄴ. 인 바스켓 교육훈련
ㄷ. 사례연구
ㄹ. 비즈니스 게임
ㅁ. 상호교류분석법

① ㄱ, ㄴ, ㄷ
② ㄱ, ㄷ, ㅁ
③ ㄴ, ㄷ, ㄹ
④ ㄴ, ㄹ, ㅁ

11. 보상관리에 대한 다음 설명 중 가장 옳은 것은?

   ① 직무급은 담당자의 직무에 대한 태도와 직무적성, 직무성과에 따라 결정된다.

   ② 생계비 수준, 기업의 지불능력, 사회일반적인 임금수준은 기업의 임금수준 결정에 영향을 미친다.

   ③ 임금관리의 내적공정성을 확보하기 위해서는 동일한 직무에 대한 경쟁사의 임금수준을 조사할 필요가 있다.

   ④ 연공급은 생산성을 제고하지만 근로자의 수입을 불안정하게 할 요소가 있다.

12. 노사관계와 경영참여에 대한 다음 설명 중 가장 옳지 않은 것은?

   ① 오픈 숍(open shop)은 노동조합의 안정도 측면에서는 가장 취약한 제도이며, 사용자에 의한 노동조합 약화 수단으로써의 역할도 가능할 수 있다.

   ② 노사관계는 '착취적 노사관계 → 온정적 노사관계 → 완화적 노사관계 → 민주적 노사관계'의 순으로 발전되어 왔다.

   ③ 기업별 노동조합은 산업 내의 다양한 직종들의 특수성에 부합한 임금 및 근로조건의 결정에는 문제가 있어 조직의 응집력이 약해질 가능성이 있다.

   ④ 경영참여제도의 도입으로 인해 경영권의 침해문제, 노동조합 약체화의 문제, 근로자의 경영참여능력문제 등이 우려된다.

13. 공정설계와 배치설계에 대한 다음 설명 중 가장 옳은 것은?

   ① 제품별 배치는 종업원의 작업이 전문화되고, 공정별 배치는 종업원의 감독이 전문화된다.

   ② 범용설비는 초기투자비용이 크지만, 전용설비는 초기투자비용이 저렴하다.

   ③ 다수기계보유방식(OWMM)은 공정별 배치의 단점을 보완한 배치설계의 형태이다.

   ④ 개별작업 공정(job-shop process)과 라인 공정(line process) 중 수직적 통합의 정도는 개별작업 공정이 더 크다.

14. 자재소요계획(MRP)에 대한 설명으로 가장 옳은 것은?

   ① 독립수요 제품의 소요량 산정을 위해 주로 사용된다.

   ② 계획생산에 입각한 풀(pull)방식을 적용한다.

   ③ MRP, ERP, MRP II의 순으로 발전하였다.

   ④ 기준생산계획이 전제가 되어야 한다.

15. 관리도에 대한 다음 설명 중 가장 옳은 것은?

   ① 관리도는 표본조사의 결과를 표시하는 문서이다.

   ② 공정이 안정상태를 유지할 때, 공정 내에는 이상변동만이 존재한다.

   ③ 속성관리도는 정규분포를 가정하고, 변량관리도는 이항분포 또는 포아송 분포를 가정한다.

   ④ 관리상한선과 관리하한선의 폭을 규격한계라고 한다.

16. 적시생산시스템에 관한 다음의 설명 중 가장 옳지 않은 것은?

① 적시생산시스템을 효과적으로 운영하기 위해서는 생산의 평준화가 이루어져야 한다.

② 적시생산시스템은 생산활동에서 낭비적인 요인들을 제거하는 것이 궁극적 목적이다.

③ 간반시스템은 적시생산시스템을 지원하는 일종의 정보시스템으로서 상위 작업장으로부터의 작업흐름을 통제하는 목적으로 사용된다.

④ 적시생산시스템의 성공적 도입을 위해서는 제조준비시간의 충분한 증가가 먼저 이루어져야 한다.

17. 다음에서 설명하는 표본추출방법으로 가장 옳은 것은?

- 비확률적 표본추출방법이다.
- 조사자가 적절하다고 판단하는 조사대상자들을 선정한 다음에 그들로 하여금 또 다른 조사대상자들을 추천하도록 하는 방법이다.
- 조사자가 모집단 구성원들 중 극소수 이외에는 누가 표본으로 적절한지를 판단할 수 없는 경우에 사용될 수 있다.
- 연속적 추천에 의해 선정된 조사대상자들 간에는 동질성이 높을 수 있으나 모집단과는 매우 다른 특성을 가질 수 있다.

① 무작위표본추출(random sampling)
② 할당표본추출(quota sampling)
③ 판단표본추출(judgement sampling)
④ 눈덩이표본추출(snowball sampling)

18. 브랜드 자산(brand equity)에 대한 다음 설명 중 가장 옳지 않은 것은?

① 브랜드 재인(recognition)은 브랜드 회상(recall)보다는 상대적으로 인지도의 강도가 강하다.

② 브랜드 이미지를 형성하기 위해서는 소비자의 마음 속에 강력하고 독특한 브랜드 연상이 형성되어야 한다.

③ 제품속성과 직접 관련된 연상(이미지)에는 제품범주에 대한 연상, 제품속성에 대한 연상, 품질/가격과 관련된 연상 등이 있다.

④ 브랜드 인지도는 브랜드 자산의 필요조건에 해당하지만 충분조건은 아니다.

19. 마케팅믹스 중 가격(price)에 대한 설명으로 가장 옳지 않은 것은?

① 상대적 고가전략은 자사의 명성이 높거나 자사의 상표인지도가 높은 경우에 적합한 전략이다.

② 유인가격전략은 제조업체가 사용하고, 재판매가격유지전략은 유통업체가 사용한다.

③ 일반적으로 묶음가격결정의 경우 구성품을 개별로 구입하는 것보다 묶음으로 구입하는 경우가 저렴하다.

④ 일반적으로 소비자는 준거가격을 중심으로 유보가격과 최저수용가격 내에서 제품을 구매한다.

20. 마케팅믹스 중 하나인 촉진(promotion)에 대한 다음 설명 중 가장 옳은 것은?

① 핵심메시지는 처음에 제시하는 것과 마지막에 제시하는 것이 중간에 위치시키는 것에 비해 덜 효과적이다.

② 이성적 소구에는 비교소구, 증언소구, 입증소구, 공포소구 등이 있다.

③ 예산설정방법 중 목표과업법은 촉진비용과 촉진성과 간의 관계 규명이 어렵다는 단점과 논리적 타당성이 높다는 장점을 가진다.

④ 광고의 이월효과(carryover effect)는 광고의 누적효과를 나타내기 위한 개념이다.

21. 투자안의 경제성 분석방법에 대한 다음 설명 중 가장 옳은 것은?

① 회수기간법은 회수기간 이후의 현금흐름만 고려한다.

② 순현재가치법과 내부수익률법은 독립적인 투자안의 경우에 항상 동일한 의사결정을 한다.

③ 투자안의 수익성지수가 0보다 큰 경우에 해당 투자안을 채택한다.

④ 순현재가치법과 내부수익률법은 가치가산의 원칙이 성립한다.

22. 자본자산가격결정모형(CAPM)에 대한 다음 설명 중 가장 옳지 않은 것은?

① 자본자산가격결정모형은 자본시장이 균형의 상태를 이룰 시에 자본자산의 가격과 위험과의 관계를 예측하는 모형을 말한다.

② 무위험자산을 투자대상에 포함시켜 지배원리를 만족시키는 효율적인 투자선을 찾아내는 것을 자본시장선이라 한다.

③ 자본자산가격결정이론은 세금 및 거래비용이 존재하지 않는 상황을 가정한다.

④ 이질적인 예측을 하는 경우에 CAPM은 성립이 가능하다.

23. 다음 자료를 이용하여 ㈜경영의 기초자본액을 구한 것으로 가장 옳은 것은?

```
• 총비용: 180,000원
• 총수익: 230,000원
• 기말자본: 1,200,000원
• 추가출자: 400,000원
```

① 450,000원

② 600,000원

③ 750,000원

④ 800,000원

24. 손익분기점분석에 대한 가정의 다음 내용 중 가장 옳은 것은?

① 손익분기점분석에서 원가는 고정요소와 변동요소로 구분하는 것이 불가능하다고 가정한다.

② 손익분기점분석은 화폐의 시간적 가치를 고려하여 현재가치를 사용한다.

③ 손익분기점분석에서는 생산량과 판매량은 동일하다고 가정한다.

④ 복수의 제품에 대한 손익분기점분석 시 매출배합은 상이하다.

25. 현재 3,000원의 배당금을 지급하고 있는 ㈜경영이 앞으로 계속적으로 10%의 성장이 기대될 때, 요구수익률이 20%라면 이 주식의 이론적 주가는 얼마인가?

① 30,000원

② 33,000원

③ 46,000원

④ 60,000원

경 영 학

제4회 실전모의고사

응시번호 :   성명 :

1. 경영의사결정에 대한 다음 설명 중 가장 옳지 않은 것은?
   ① 전략적 의사결정은 전사적, 비반복적, 비구조적, 비정형적, 집권적인 특징을 가진다.
   ② 일반적으로 위험한 상황 하의 의사결정은 통계학적인 방법을 이용하여 해결한다.
   ③ 불확실한 상황에서 의사결정을 할 때에도 미래 상황에서의 객관적 확률을 알 수 있다.
   ④ 상충상황이란 한 의사결정자의 의사결정이 다른 의사결정자의 의사결정성과에 영향을 미치는 상황이다.

2. 경영학의 발전과정에 대한 다음 설명 중 옳은 것은 모두 몇 개인가?

   > ㄱ. 포드(Ford) 시스템은 범위의 경제(economy of scope)를 통해 생산원가를 낮추어 가격을 낮추게 된다.
   > ㄴ. 베버(Weber)의 관료제 조직은 규범의 명확화, 노동의 분화, 역량 및 전문성에 근거한 인사, 소유권의 분리 등의 특성을 가진다.
   > ㄷ. 테일러(Taylor)의 과학적 관리법은 모든 작업이 과학의 원리와 일치할 수 있도록 경영자와 작업자 간의 긴밀한 협조관계가 유지되어야 한다.
   > ㄹ. 인간관계학파는 고전적 접근법을 옹호하기 위한 목적으로 형성된 학파이다.

   ① 1개
   ② 2개
   ③ 3개
   ④ 4개

3. 마이클 포터(M. Porter)의 전략에 대한 다음 설명 중 가장 옳은 것은?
   ① 가치사슬분석에서 직접적으로 이윤을 창출하는 활동을 지원적 활동이라고 한다.
   ② 차별화전략을 추구하는 기업은 구조화된 조직과 책임을 강조하며, 업무의 효율성을 중시한다.
   ③ 산업구조분석에서 산업 내의 대체재가 많으면 많을수록 산업의 수익률은 낮아진다.
   ④ 원자재 또는 부품을 독점하거나 특수한 기술을 지니고 있는 공급업체와 거래를 하여야 하는 상황이라면 산업의 수익률은 높아진다.

4. 경영혁신기법에 대한 다음 설명 중 가장 옳은 것은?
   ① 암묵지는 지식 전파속도가 늦고, 형식지는 전파속도가 빠르다.
   ② 레드오션 전략은 경쟁이 무의미하고, 차별화와 저비용을 동시에 추구하도록 전략이다.
   ③ 균형성과표는 궁극적으로는 조직의 대표적 성과인 회계 및 재무적 성과목표를 달성하는 데 초점을 두고 있는 성과관리체계이다.
   ④ 정보(information)는 지식(knowledge)을 체계화하여 장래 사용에 대해 보편성을 갖도록 한 것이다.

5. 학습에 대한 다음 설명 중 가장 옳지 않은 것은?
   ① 손다이크(Thorndike)가 주장하는 주요법칙으로는 연습의 법칙, 효과의 법칙, 준비성의 법칙 등이 있다.
   ② 긍정적 강화는 바람직한 행동을 증가시키는 것이 목적이고, 부정적 강화는 바람직하지 못한 행동을 감소시키는 것이 목적이다.
   ③ 연속적 강화는 학습의 효과를 단기간 동안에 높일 수 있는 장점이 있으나 강화요인이 중단되면 작동행동도 반복되지 않음으로써 학습의 효과가 감소될 수 있다.
   ④ 반두라(Bandura)의 사회적 학습은 관찰학습과 인지학습으로 구성되어 있다.

6. 지각오류에 대한 다음 설명 중 가장 옳지 않은 것은?

① 지각자가 다수의 지각대상 간에 상관관계가 높지 않음에도 불구하고 상관관계가 높다고 생각할 때 나타나는 오류는 논리적 오류이다.

② 자신이 모든 행동의 원인을 통제할 수 있다고 착각하는 지각 오류는 자존적 편견이다.

③ 순위효과는 대상을 평가할 때 지각의 순서에 따라 평가결과가 달라지는 지각오류이다.

④ 투영효과는 평가대상에 지각자의 감정을 귀속시키는 데서 발생하는 지각오류이다.

7. 가치관과 태도에 대한 다음 설명 중 가장 옳지 않은 것은?

① 조직몰입 중 정서적 몰입은 조직에 대해서 가지는 도덕적 또는 윤리적 의무감으로 조직에 남고자 하는 것이다.

② 로키치(Rokeach)는 가치관을 최종적 가치와 수단적 가치로 구분하였다.

③ 두 사람의 태도가 서로 같더라도 각각 다른 가치관에서 비롯될 수 있다.

④ 조직시민행동은 이타주의, 양심, 예의, 시민의식, 스포츠맨십의 구성요소를 가진다.

8. 리더십(leadership)에 대한 다음 설명 중 가장 옳은 것은?

① 권력(power)은 쌍방성, 절대성, 가변성 등의 속성을 가진다.

② 준거적 권력은 태도변화 중 내면화(internalization)와 관계가 있고, 전문적 권력은 태도변화 중 동일화(identification)와 관계가 있다.

③ 하우스(House)의 경로목표이론은 동기부여이론 중 브룸(Vroom)의 기대이론에 이론적 기반을 두고 있다.

④ 허시(Hersey)와 블랜차드(Blanchard)의 수명주기이론에 의하면, 부하의 성숙도가 높아짐에 따라 적합한 리더십의 유형은 지시형, 설득형, 위임형, 참여형의 순서대로 변화한다.

9. 직무관리에 대한 다음 설명 중 가장 옳은 것은?

① 서열법, 분류법, 점수법, 요소비교법은 직무평가의 방법에 해당한다.

② 직무기술서는 직무를 분석한 결과이고, 직무명세서는 현재 직무를 수행하고 있는 직무수행자를 분석한 결과이다.

③ 개인을 대상으로 한 수평적 직무확대는 직무충실(job enrichment)이다.

④ 직무특성이론에 의하면 모든 작업자들의 직무를 맹목적으로 확대하거나 충실화하는 것은 의미가 있다.

10. 선발도구에 대한 다음 설명 중 가장 옳은 것은?

① 구성타당도(construct validity)는 선발도구의 측정항목들이 얼마나 이론적 속성에 부합되고 논리적인지를 표시하는 지표로 해당 선발도구가 측정도구로서의 적격성을 갖고 있는지를 나타낸다.

② 타당도를 측정하는 방법에는 시험−재시험법, 대체형식법, 양분법 등이 있다.

③ 바이오데이터분석은 성과가 높은 종업원의 표준적인 자질을 데이터화하여 개발된 이상적인 프로파일과 지원자를 비교하여 유사한 자질을 가진 지원자를 선발하는 방법이다.

④ 일반적으로 1종오류는 단계적 제거법을 적용하면 감소시킬 수 있다.

11. 인적자원의 개발에 대한 다음 설명 중 가장 옳지 않은 것은?

① 교육훈련은 '교육훈련의 필요성 분석 → 교육훈련의 설계 → 교육훈련의 실시 → 교육훈련의 효과평가'의 프로세스를 통해 이루어진다.

② 직장 외 훈련을 통해 많은 종업원에게 통일적으로 교육훈련을 실시할 수 있다.

③ 커크패트릭(Kirkpatrick)의 교육평가모형은 반응, 학습, 행동, 성과의 4가지 평가수준으로 구성되어 있다.

④ 홀(Hall)은 경력개발의 최종점을 경력의 닻(anchor)이라고 하였다.

12. 보상관리에 대한 다음 설명 중 가장 옳은 것은?

① 리틀식 복률성과급제는 메릭식 복률성과급제의 결점을 보완할 목적으로 네 종류의 임률을 제시한다.

② 내부공정성은 임금수준에 반영되고, 외부공정성은 임금체계에 반영된다.

③ 종업원의 생계비를 판단할 수 있는 지표에는 생산성과 수익성이 있다.

④ 프렌치 시스템은 능률적인 작업과 낭비제거를 유도하기 위해 재료비와 노무비의 절감액을 분배하는 제도이다.

13. 경쟁우선순위와 흐름전략에 대한 다음 설명 중 가장 옳은 것은?

① 라인흐름전략은 고성능설계를 강조하고, 유연흐름전략은 일관된 품질을 강조한다.

② 적시인도는 소비자와 약속한 납기에 제품을 인도하는 비율로 측정한다.

③ 고객화는 기업이 가지고 있는 초과생산능력이나 재고를 통해 달성가능하다.

④ 라인흐름전략은 인도시간이 길고, 유연흐름전략은 인도시간이 짧다.

14. 생산능력(capacity)에 대한 설명으로 가장 옳지 않은 것은?

① 규모의 경제(economic of scale)는 생산량이 고정비를 흡수하게 됨으로써 단위당 고정비용이 감소하는 것을 의미한다.

② 미래의 수요가 불확실한 경우 또는 자원의 유연성이 낮은 경우에 기업은 큰 초과생산능력을 가져가는 것이 바람직하다.

③ 병목(bottleneck)을 고려한 정상적인 조건하에서 보여지는 산출량은 유효생산능력(effective capacity)이다.

④ 생산능력 이용률(capacity utilization)은 설계생산능력(design capacity)이 커지면 함께 증가한다.

15. 수요예측에 대한 다음 설명 중 가장 옳은 것은?

① 모든 수요의 시계열 특성은 예측이 가능하다.

② 추적지표는 누적예측오차를 평균절대오차로 나누어 계산한다.

③ 누적예측오차가 양(+)의 값을 가지면 수요예측기법의 과대예측을 의미한다.

④ 복수기법을 통해 얻은 개별 수요예측값들을 평균하여 최종예측값을 결정하는 방법은 초점예측이다.

16. 공급사슬관리에 대한 다음 설명 중 가장 옳지 않은 것은?

① 공급사슬의 통합을 방해하는 요인에는 사일로 심리(silo mentality), 정보 가시성(visibility)의 부족, 신뢰의 부족, 지식의 부족 등이 있다.

② 채찍효과(bullwhip effect)는 공급사슬 하류의 소규모 수요 변동이 공급사슬 상류로 갈수록 그 변동폭이 점점 증가해가는 모습을 묘사적으로 명명한 것이다.

③ 공급자 재고관리(VMI)는 채찍효과를 완화시킬 수 있다.

④ 공급사슬운영참고 모형은 공급사슬운영을 계획(plan), 조달(source), 생산(make), 판매(sell), 반품(return)의 다섯 가지 범주로 분리하였다.

17. 마케팅조사의 설계에 대한 다음 설명 중 가장 옳지 않은 것은?

① 1차 자료는 획득비용이 저렴하지만, 정보의 질이 떨어지는 특징을 가진다.

② 전화면접법을 통한 자료의 수집은 빠른 시간 내에 저렴한 비용으로 조사할 수 있다는 장점이 있으나, 응답자로부터 협조를 얻기가 어렵다는 단점이 있다.

③ 표적집단 면접법(focus group interview)은 비구조적인 정보수집 방법이다.

④ 표본설계의 방법 중 확률적 표본추출 방법으로는 무작위 표본추출, 층화 표본추출, 군집 표본추출 등의 방법이 있다.

18. 브랜드 연상을 제품속성과 직접 관련된 연상과 직접 관련이 없는 연상으로 구분할 때 다음 중 그 성격이 다른 하나는?

① 사용자

② 제품용도

③ 지각된 품질

④ 원산지

19. 촉진믹스에 대한 다음 설명 중 가장 옳지 않은 것은?

① 구매의사결정과정 중 '정보탐색'의 과정에서는 인적판매와 판매촉진이 바람직하고, '구매행동'의 과정에서는 광고와 PR이 바람직하다.

② 소비재는 광고의 중요성이 크고, 산업재는 인적판매의 중요성이 크다.

③ 제품수명주기 중 도입기와 성장기에는 광고나 PR이 적합한 촉진수단이다.

④ 푸시(push) 전략은 인적판매나 중간상 판매촉진이 적합한 촉진수단이다.

20. 고객관계관리(CRM)에 대한 다음 설명 중 가장 옳지 않은 것은?

① 고객관계관리의 관점에서 고객과의 관계는 '용의자(suspect) → 잠재고객(prospect) → 사용자(user) → 고객(customer) → 옹호자(advocate)' 순으로 발전된다.

② 고객관계관리는 고객의 데이터를 수집하여 모형을 만들고 직접 메일을 발송하는 데이터베이스 마케팅과 동일한 개념이다.

③ 자기 상품에 대한 수요를 증가시키기 위해 활동하는 것을 교차판매(cross selling)라고 한다.

④ 고객자산은 브랜드자산을 포괄하는 보다 광의의 개념이며, 기업의 모든 고객들이 가지는 생애가치를 합친 것이다.

21. 효율적 시장가설에 대한 다음 설명 중 가장 옳지 않은 것은?

① 약형 효율적 시장가설은 자본시장에서 형성된 증권가격이 해당 증권의 과거 가격이나 거래량과 같은 역사적 정보를 모두 반영하고 있다는 가설이다.

② 준강형 효율적 시장가설은 자본시장에서 형성된 증권가격이 해당 증권과 관련된 공식적으로 이용가능한 정보를 모두 반영하고 있다는 가설이다.

③ 강형 효율적 시장가설은 자본시장에서 형성된 증권가격이 해당 증권과 관련된 공식적으로 이용가능한 정보뿐만 아니라 공식적으로 이용불가능한 미공개된 내부정보까지 모두 반영하고 있다는 가설이다.

④ 약형 효율적 시장에서 강형 효율적 시장으로 갈수록 더 비효율적인 시장이다.

22. 자본시장선(CML)과 증권시장선(SML)에 대한 다음 설명 중 가장 옳은 것은?

① 자본시장선은 개별자산 또는 포트폴리오의 시장위험에 대한 위험프리미엄의 균형점들을 연결해 놓은 선이다.

② 증권시장선은 시장포트폴리오와 무위험자산으로 구성되는 효율적 포트폴리오에만 적용할 수 있는 모형이다.

③ 베타(β)가 음의 값을 갖는다는 것은 베타가 상승할수록 수익률이 상승하는 경우를 의미한다.

④ 자본시장선 선상에 있는 주식은 효율적이고 그 아래는 비효율적이다.

23. 기계장치를 20,000,000원에 구입하고 대금은 1개월 후 지급하기로 하고 구입시 운송비용 200,000원을 현금으로 지급한 경우 발생하는 거래요소들은?

① 자산의 증가, 부채의 증가, 자산의 감소
② 자산의 증가, 부채의 감소, 비용의 발생
③ 자산의 증가, 부채의 증가, 비용의 발생
④ 자산의 감소, 부채의 감소, 비용의 발생

24. 재무상태표를 작성할 때 부채항목을 단기차입금과 장기차입금을 구분하여 기재한다면, 이와 관련된 개념으로 가장 옳은 것은?

① 현금주의
② 발생주의
③ 수익·비용 대응의 원칙
④ 유동성 배열법

25. 유동비율을 증가시키는 활동으로 가장 옳은 것은?

① 장기차입금을 줄인다.
② 노후화된 차량을 매각한다.
③ 종업원들의 노동생산성을 향상시킨다.
④ 보유하고 있는 현금을 이용하여 기계장치를 취득한다.

모바일 자동 채점 + 성적 분석 서비스 바로 가기
QR코드를 이용해 모바일로 간편하게 채점하고 나의 실력이 어느 정도인지, 취약 부분이 어디인지 바로 파악해 보세요!

응시번호 :   성명 :

1. 경영환경에 대한 다음 설명 중 가장 옳은 것은?

① 거시적 환경에는 경쟁자, 소비자, 유통기관, 원재료 공급업자, 주주 등이 있다.

② 미시적 환경에는 정치적 환경, 경제적 환경, 사회적 환경, 기술적 환경 등이 있다.

③ 환경불확실성의 원천에는 환경복잡성, 환경동태성, 환경풍부성이 있는데, 이러한 원천들은 환경불확실성을 증가시킨다.

④ 과업환경은 직접적인 환경이고, 일반환경은 간접적인 환경이다.

2. 기업 및 기업집단화에 대한 다음 설명 중 가장 옳은 것은?

① 전방통합을 통해 양질의 원재료를 안정적으로 공급받아 고품질을 유지할 수 있다.

② 합자회사는 연대무한책임을 지는 무한책임사원과 출자액 한도 내에서 유한책임을 지는 유한책임사원으로 구성된다.

③ 카르텔(cartel)은 동종기업 간 경쟁을 배제하고 시장을 통제하는 데 그 목적을 두고 있으며, 경제적·법률적으로 봤을 때 독립성을 유지하고 있지 않다.

④ 주식회사는 자본조달이 용이하고, 과세대상 이익에 대해서는 소득세를 납부한다.

3. 조직구조에 대한 다음 설명 중 네트워크 조직에 대한 설명으로 옳은 것끼리 짝지어진 것은?

```
ㄱ. 매트릭스 조직이라고도 한다.
ㄴ. 컴퓨터, 정보통신 등 정보기술을 적용함에 따라 전통적인 의미에서의 조직의 경계와 구조가 허물어져 도입된 개념이다.
ㄷ. 전략적 제휴(strategic alliance)나 아웃소싱(outsourcing)과 관련되어 있다.
ㄹ. 다각적 역할기대나 역할갈등이 발생할 수 있다.
```

① ㄱ, ㄴ
② ㄱ, ㄷ
③ ㄴ, ㄷ
④ ㄷ, ㄹ

4. 마이클 포터(M. Porter)가 주장한 산업구조분석에 대한 다음 설명 중 가장 옳은 것은?

① 산업구조분석은 동태적 분석에 해당한다.

② 수직적 힘으로 산업 내 경쟁, 신규진입자(진입장벽), 대체재의 존재를 고려하였다.

③ 산업의 집중도가 높을수록 산업 내 경쟁이 치열해져 산업수익률은 낮아지게 된다.

④ 고정비의 비중이 높을수록 생산량을 늘리게 되어 산업수익률이 낮아지게 된다.

5. 지각에 대한 다음 설명 중 가장 옳은 것은?

① 조직화는 집단화, 폐쇄화, 단순화 등의 과정이 활용된다.

② 해석의 과정은 객관적이며, 판단과정이고 쉽게 왜곡될 수 없다.

③ 높은 합의성, 높은 특이성, 낮은 일관성을 보이는 경우에 지각자는 피지각자의 성과에 대해 내적 귀인하는 경향을 보인다.

④ 인상형성을 위해 다양한 자극이 시간의 순서를 가지고 투입되는 경우 합산의 원리는 적용되지 않는다.

6. 동기부여에 대한 다음 설명 중 옳은 것은 모두 몇 개인가?

> ㄱ. 허쯔버그(Herzberg)는 조직구조 측면에서 노사나 인사 담당부서를 위생요인 담당부문과 동기요인 담당부문을 통합할 것을 제안하고 있다.
> ㄴ. 맥클리랜드(McClelland)는 인간의 욕구가 학습된 것이 지만, 인간의 행동에 영향을 미치는 욕구의 서열은 사람마다 동일하다고 주장하였다.
> ㄷ. 데시(Deci)는 어떤 직무에 대하여 내재적 동기가 유발되어 있는 경우에 외재적 보상이 주어지면 내재적 동기가 증가된다고 주장하였다.
> ㄹ. 브룸(Vroom)은 동기부여의 강도를 기대감, 수단성, 유의성의 합으로 설명하였다.

① 0개
② 1개
③ 2개
④ 3개

7. 집단에 대한 다음 설명 중 옳지 않은 것끼리 짝지어진 것은?

> ㄱ. 성원집단과 준거집단이 일치하는 경우 일반적으로 집단 구성원의 성과는 높아지게 된다.
> ㄴ. 집단응집성이 높아지게 되면 항상 조직의 성과는 높아진다.
> ㄷ. 역할기대와 역할행동이 일치하기 때문에 역할갈등이 발생한다.
> ㄹ. 응집성이 높은 집단은 일반적으로 카리스마 리더가 등장하며, 소규모의 특성을 가진다.

① ㄱ, ㄴ
② ㄴ, ㄷ
③ ㄴ, ㄹ
④ ㄷ, ㄹ

8. 리더십이론에 대한 다음 설명 중 가장 옳지 않은 것은?

① 허시(Hersey)와 블랜차드(Blanchard)는 리더와 부하 간의 상호조화관계를 중시하고 부하들의 성숙도에 따른 효과적인 리더십 행동을 분석하고자 하였다.
② 하우스(House)는 구조적인 과업상황에서는 후원적 리더가 효과적이고, 비구조적인 상황에서는 지시적 리더가 효과적이라고 주장하였다.
③ 피들러(Fiedler)는 상황변수로 리더와 구성원의 관계, 과업의 구조, 리더의 직위권력을 제시하였다.
④ 수퍼 리더십(super leadership)은 타인을 위한 봉사에 초점을 두고, 부하와 고객을 우선으로 그들의 욕구를 만족시키기 위해 헌신하는 리더십을 말한다.

9. 확보관리에 대한 다음 설명 중 가장 옳은 것은?

① 인적자원의 수요예측기법 중 시나리오기법은 단기적 예측에 적합하고, 자격요건분석기법은 장기적 예측에 적합하다.
② 선발오류 중 1종 오류는 만약 선발되었더라면 만족스러운 성과를 올릴 수 있었던 지원자를 선발도구의 결과가 합격선에 미달하여 실제로 탈락시키는 데에서 발생하는 오류이다.
③ 선발비율은 지원자들이 모집과 선발의 각 단계에서 어떻게 인원이 선택되고 축소되는지를 보여주는 비율이다.
④ 타당도 분석방법에는 시험-재시험법, 대체형식법 등이 있다.

10. 승진(promotion)에 대한 다음 설명 중 가장 옳지 않은 것은?

① 자격승진을 위한 종업원의 직능평가는 절대평가가 도입된다.
② 대용승진(surrogate promotion)은 직무내용의 실질적인 변동없이 직급명칭 또는 자격명칭만 변경되는 형식적 승진을 의미한다.
③ 조직변화 승진은 조직변화를 통해 T/O를 만들어 냄으로써 자격승진의 기회를 확대하는 방법이다.
④ 직급승진은 종업원이 상위직급으로 이동하는 것을 의미하기 때문에 T/O가 없는 경우에는 직급승진이 불가능하다.

11. 비노조원도 채용할 수 있으나, 일정기간이 경과된 후 반드시 노동조합에 가입하여야 하는 제도로 가장 옳은 것은?

① 오픈 숍(open shop)
② 클로즈드 숍(closed shop)
③ 유니온 숍(union shop)
④ 에이전시 숍(agency shop)

12. 배치설계에 대한 다음 설명 중 가장 옳지 않은 것은?

① 놀이 공원은 공정별 배치가 적절하다.
② 생산제품의 이동이 어려울 경우 위치고정형 배치가 적절하다.
③ 제조업의 생산제품에서 고객화 정도가 높을수록 공정별 배치가 적절하다.
④ 다품종 소량생산의 경우 제품별 배치를 채택하면 생산능력이 부족하여 과부하가 초래되므로 적절하지 못하다.

13. 공정설계와 배치설계에 대한 다음 설명 중 가장 옳지 않은 것은?

① 공정의 결정은 본질적으로 동태적인 문제에 해당한다.
② 위치고정형 배치는 프로젝트 공정과 관련되어 있다.
③ 라인밸런싱(line-balancing)은 유휴시간(idle time)을 최소화시키고, 작업공전(starving)을 최대화하여 작업자와 설비의 이용도를 높이고자 하는 것을 목적으로 한다.
④ 다수기계보유 작업방식을 도입하면 노동력 절감뿐만 아니라 자재가 대기상태로 묶여 있지 않고 다음 공정으로 이동하기 때문에 재고감소효과도 있다.

14. 다음 자료를 이용하여 수요예측한 결과에 대한 다음 설명 중 가장 옳지 않은 것은?

기간	1	2	3	4
실제수요	300	360	350	320
예측값	280	380	320	310

① 누적예측오차는 40이기 때문에 수요예측이 과대예측되어 있다.
② 평균절대오차는 20이며, 그 값이 클수록 수요예측의 정확성은 낮아진다.
③ 추적지표는 누적예측오차를 평균절대오차로 나누어 계산하기 때문에 2이다.
④ 추적지표는 양(+)의 값과 음(−)의 값을 모두 가질 수 있다.

15. 전통적 경제적 주문량 모형(EOQ)에 대한 다음 설명 중 가장 옳지 않은 것은?

① 수량할인이나 가격할인이 존재하지 않는다고 가정하기 때문에 구입비용을 고려할 필요가 없다.
② 한계비용이 0이 되는 점에서 재고관련 비용이 최소가 된다.
③ 경제적 주문량(EOQ)에서 재고유지비용과 주문비용은 일치한다.
④ 연간 재고유지비용은 경제적 주문량(EOQ)에 비례하여 감소한다.

16. 품질에 관한 다음의 내용 중 가장 옳지 않은 것은?

① 품질비용은 예방비용, 평가비용, 실패비용 등으로 개념화시킬 수 있다.

② 이시가와 도표는 품질관리문제의 원인을 찾아내기 위한 도구이다.

③ 말콤 볼드리지 상은 국제표준기구에 의해 제정된 제3자 기관에 의한 품질시스템 인증제도이다.

④ TQM에서 품질은 고객에 의해서 정의된다.

17. 자아개념은 개인이 사회적으로 결정된 준거 체계에 따라 자신에 대해 가지는 지각을 의미한다. 이러한 자아개념 중 자신이 어떻게 되고 싶은가와 관련된 자아개념에 해당하는 것은?

① 실제적 자아개념

② 이상적 자아개념

③ 사회적 자아개념

④ 이상적 · 사회적 자아개념

18. STP 전략에 대한 다음 설명 중 가장 옳은 것은?

① 목표시장을 선정하기 전에 고객, 경쟁사, 자사에 대한 분석이 선행되어야 하는데, 이는 거시적 환경에 대한 분석과정이다.

② 목표시장 선정은 경쟁제품과는 다른 자사제품의 차별적 요소를 표적시장 내 목표고객의 머리 속에 인식시키기 위한 활동을 말한다.

③ 포지셔닝기법 중 다차원 척도법에서는 관리자가 직접 관리할 수 있는 구체적인 속성을 비교한다.

④ 포지셔닝 전략을 수립하는 과정에서 중요한 것은 경쟁자의 위치를 확인하여 경쟁자와 최대한 다르게 포지셔닝하는 것이다.

19. 마케팅 믹스 중 제품(product)에 대한 설명으로 가장 옳지 않은 것은?

① 시장점유율을 목적으로 하는 경우에는 넓은 제품계열이 유리하고, 수익성을 목적으로 하는 경우에는 좁은 제품계열이 유리하다.

② 로저스(Rogers)가 제시한 신제품 확산모형에 의하면, 수용 시기에 따른 수용자들의 유형을 혁신자, 조기 수용자, 조기 다수자, 후기 다수자, 지각 수용자로 분류하였다.

③ 브랜드 이미지(brand image)는 소비자가 한 제품범주에 속한 특정 상표를 재인(recognition)하거나 회상(recall)하는 능력을 의미한다.

④ 신제품 개발과정에서 아이디어를 창출하는 대표적인 방법은 소비자 대상 표적집단면접, 브레인스토밍 등이 있다.

20. 마케팅 믹스 중 가격(price)에 대한 설명으로 가장 옳은 것은?

① 가격차별이 성공하기 위해서는 세분화 시장 간 물품거래가 원활해야 한다.

② 스키밍가격전략(skimming pricing)은 고가격이 고품질이라는 가격－품질 연상효과를 불러일으킬 수 있다.

③ 준거가격은 고가격은 고품질이라는 인식에 기반을 둔 가격－품질연상효과를 이용한 가격전략이다.

④ 원가중심 가격결정방법은 소비자들이 자사의 제품에 대한 가치를 어떻게 지각하고 있는지를 알아내는 것이 중요하다.

21. 다음 자료에 따른 당기의 수익총액은?

> • 기초자산: 70,000원
> • 기말자산: 100,000원
> • 당기비용총액: 100,000원
> • 기초부채: 60,000원
> • 기말부채: 40,000원

① 120,000원
② 130,000원
③ 140,000원
④ 150,000원

22. 다음 중 이익잉여금에 해당하는 것으로 가장 옳은 것은?
① 주식발행초과금
② 자기주식처분이익
③ 자기주식
④ 법정적립금

23. 다음 (   )에 들어갈 재무비율로 가장 옳은 것은?

> 총자본순이익률 = 매출액순이익률 × (   )

① 총자본증가율
② 총자본회전율
③ 자기자본이익률
④ 매출액증가율

24. 위험과 포트폴리오 이론에 대한 설명으로 가장 옳은 것은?
① 일반적으로 위험중립형 투자자를 이성적인 투자자라고 할 수 있다.
② 상관계수가 +1인 경우를 제외한 자산으로 포트폴리오를 구성하면 위험감소효과가 있다.
③ 체계적 위험은 분산투자를 통해서 제거가 가능한 위험이고, 비체계적 위험은 분산투자를 통해서 제거되지 않는 위험이다.
④ 기대수익률과 분산이 높을수록 투자자의 효용은 증가한다.

25. 다음 중 회계상 거래에 해당하는 것을 모두 고른 것은?

> ㄱ. 현금 50,000,000원을 출자하여 회사를 설립하였다.
> ㄴ. 원재료 30,000,000원을 구입하기로 계약서에 날인하였다.
> ㄷ. 종업원 3명을 고용하기로 하고 근로계약서를 작성하였다.
> ㄹ. 회사 사무실 임대계약을 하고, 보증금 100,000,000원을 송금하였다.

① ㄱ, ㄴ
② ㄱ, ㄹ
③ ㄴ, ㄷ
④ ㄴ, ㄹ

모바일 자동 채점 + 성적 분석 서비스 바로 가기
QR코드를 이용해 모바일로 간편하게 채점하고 나의 실력이 어느 정도인지, 취약 부분이 어디인지 바로 파악해 보세요!